让知识成为每个人的力量

李璞 著

保险新趋势

做专业的保险顾问

新 星 出 版 社　NEW STAR PRESS

明者因时而变

王辰　华人保险大会特邀讲师

2020 年，李璞告诉我他想写一本关于"保险代理人转型"的图书，邀请我写一篇推荐序并接受他的访谈。他跟我说，写这本书是希望和大家一起进步，共同打造保险专业时代属于我们的荣耀高光，而这恰恰也是我从事当前工作的初衷。所以，我很高兴能参与到《保险新趋势》这个项目。

作为他以前的老领导，我在和李璞共事期间逐渐认识到，他工作时的思路很清晰，反应也很快，一件复杂的工作交给他处理，他总是很快就能交出令人满意甚至是超出预期的结果。当然，在保险行业中，具备这样特质的人也不少，但他的独特之处是他会持续地为自己赋能，比如紧跟市场变化，有空就去进一步学习进修等。

这些努力使得他在保险公司的各个岗位上都能取得优秀的成绩，无论是做营销推动，还是做培训或者搞创新，都有很大的优势。后来他成功晋升到管理层，成为所在公司最年轻的个险营销总，这是他常年积累的回报。

作为好朋友，这么多年我们一直保持着密切联系，经常会交流、探讨对行业的认知，互相取经，互相促进，共同成长。

看完这本书，我想到的第一句话是《史记·太史公自序》里的"圣人不朽，时变是守"。

人生要有所成就，就得把握好时机和趋势。对我们所有的保险从业者来说，这一点尤其重要。个人代理业务于1992年在中国大陆发端，一批有远见又有主见的先行者已经成为行业的中流砥柱，无论是他们的个人成长还是财富积累，都超乎许多人的想象。这个行业的未来，更会超乎普通人的想象。

虽然他们的出现推动保险行业实现了快速发展，但同时部分从业者的某些不恰当的工作方式，也让消费者对保险行业产生了一些误解。我一直认为不能否定这批先行者做出的贡献，但也要正视存在的问题并对其进行调整。目前，保险行业的发展进入了快车道，我们需要做的不是欢呼，而是谨慎行事。因为这个阶段市场会迎来很多新变化和新趋势，及时抓住了，转型了，我们的职业和行业发展就会再攀高峰，可一旦错过了，那下坡路就会摆在面前。

我拿一个新趋势举例好了，那就是保险科技。最近几年，因为互联网科技的发展，互联网巨头也开始涉足保险业务，不断有人惊呼传统保险业务要被颠覆了、传统保险代理人要被替代了。因为独立讲师的身份，我有很多机会接触一线的保险代理人。我有时候会开玩笑说，"听我讲课不值钱，和我聊天才值钱"，因为我掌握着很多一线从业者的成功经验，对很多业绩不太好的从业者的工作方式也有所了解。我发现，实际上淘汰我们的永远不是高科技，而是我们的不用心和不专业。

但应该往哪里转呢？在这点上，我跟李璞的想法是一样的，从业者不能只满足于做一名销售员，而是要把保险顾问作为自己的新目标。保险顾问以客户需求为导向，提供的是个性化的专业建议和服务，而不只是产品销售。这背后的原因有很多，既跟行业自身的发展有关，也跟整个经济社会大环境关系密切。李璞在这本书里的分析很细致，也很准确。

如果你对未来的发展方向还有些犹豫，我建议你可以好好读一读第二章的内容。

当然，可能还有很多朋友已经在往成为保险顾问的路上走了，不过对于具体该怎么走这条路，还不太清楚。李璞这本书恰好可以给你帮助，让你用专业知识来武装自己，从而实现由传统的保险销售员向专业的保险顾问的转型。

在这方面，李璞的经验很丰富，见闻也很多，而且他非常善于总结。很多问题和思路，经他一梳理，就特别清楚，他给出的方法也极易上手操作。同时，他还告诉我，为了给大家分享更多一线的案例，为了让这本书更好地解决实践中遇到的问题，他还特意做了很多调研，搜集了很多反馈。

我读完后，感觉他简直把他毕生的绝学都贡献出来了。这本书不仅讲了基础技能、核心技能，让你能够有路可循地成为一名优秀的保险顾问，同时还介绍了进阶的财富管理技能，助你成为行业的佼佼者。

我印象比较深的是第四章里讲的年金险三点三期规划法。一般来说，代理人都是按保险公司培训的内容来给客户讲解怎么规划年金险，但客户往往不会因那些一听就是话术的言论就拿出一大笔钱。我也经常听代理人跟我说，成交一笔年金险的收益是高，但太难卖了，客户顾虑多，还不爱买账。这其实还是方法问题，李璞在这本书里就跟大家分享了他的经验，把年金险的规划流程给你掰开揉碎，讲得非常清楚。等你读完，不妨按着他讲的去试试，说不定从此就攻克这一难题了。

在我看来，你赚到的钱都是认知的变现，你亏掉的钱都是认知的缺陷。如果你想在保险行业取得更好的成就，就要把这个行业的基本逻辑和行业发展趋势搞清楚，并据此调整自己的工作模式，实现转型。

李璞的这本书相当于给你提供了一个新的窗口，让你可以换个视角认识保险行业和自己所从事的这份工作的发展趋势，同时深入了解如何才能实现转型。

序言

时间过得好快，一转眼，距离罗振宇老师在"时间的朋友"跨年演讲上引用我的那句"来干保险，要么走投无路，要么身怀绝技"，已经两年了。原本只是想把自己对保险从业者的看法做个记录，分享给爱学习的朋友们。但出乎我的意料，当晚，我的手机里就涌进了上百条未读信息，我的"大头照"在微博、微信朋友圈里被不断刷屏转发，其中不乏同行表示赞同的声音——终于有人为保险行业发声了。这让我很高兴！但并不是因为有更多的人认识了我，而是因为我想表达的理念被更多的人认可了。

在和得到 App 合作的 4 年时间里，我很荣幸可以为保险行业发声，也让消费者进一步认识到保险代理人的价值和意义，这个职业太需要、太值得被大众看到了。

5 年前，我跳出传统保险公司开始创业，为保险代理人提供知识和技能培训服务，初衷也是希望可以借助自己的经验为代理人赋能，提高整个行业的社会认可度。当我站在一个相对中立、客观的视角去观察和分析整个行业的发展时，我看到了很多有意思的变化：行业发展正从人力推动转向产能推动，行业形象有所扭转，消费者保险意识增强，大经济环境激发更多的保险需求……而这些变化为保险代理人指明了职业发展的新趋势：向专业保险顾问转型，这也是以人为媒介的保险行业能够获得长远发展的关键因素。

保险行业是一个所有从业者荣辱与共的行业，作为其中的一份子，我很希望把我看到的趋势、我成熟的经验分享给与我同路的你，希望你可以抓住这个新趋势，完成转型。这既有利于你自己的职业长远发展，又可以为我们共同的保险事业锦上添花。

这就是我写这本书的动机。从 2020 年 9 月起，我开始和得到 App 图书团队就具体的写作方向进行频繁的沟通，同时我和我的团队也走访了很多保险公司和保险代理人，并搜集了大量数据。最后，我们决定集中探讨代理人向保险顾问转型的必要性和具体的转型方法。

换句话说，我想为从业者提供一本实操性很强的职业发展指南。不管刚翻开这本书的你正处于事业发展的哪个阶段，都能有所收获。

如果你是个保险新人，刚刚进入这个行业，通过这本书，你可以了解保险行业未来的发展方向，直接把奋斗目标定为成为一名优秀的保险顾问。跟着我总结的职业发展路径走，说不定能后来居上，实现弯道超车。

如果你现在正处于事业发展的瓶颈期，这本书会像一面镜子，照出你以往工作模式中的不足，同时让你看到在既有工作模式之外，有一套新的工作方法、工作流程和工作思路。在此基础上，你可以进行自我诊断和调整，实现业务突破。

如果目前你的业务做得还不错，也请不要大意，这个行业从不缺乏拼搏努力的人，要时刻保持警惕，不断学习。这本书对你来说，价值就在于可以让你从更中立、更宏观的角度来了解、认识未来行业的发展趋势，并以此为依据，评估自己当下的职业规划和工作模式，看它们是否符合行业发展的大趋势。如果符合，这本书就可以进一步帮你强化信心，让你更自信、更有冲劲地往前闯；如果有不符合的地方，那你就可以有针对性地改善自己的不足，同时更大程度地发挥自己的优势，实现工作效能的最大化。

如果目前你已经是行业的翘楚，我希望通过这本书来和你交流，很期待收到你的反馈和想法，在观点的碰撞中一起来促进这个行业的发展。

那么，这本书具体都讲了些什么呢？

全书共分为 5 章。第一章，我会从商业视角出发，解释保险代理人存在的必要性和价值。我们并不是单纯的销售人员，而是联结保险客户与保险公司的"中间人"，为双方传递信息和信用，实现商品交易。第二章，我会根据搜集到的大量数据和成熟市场的案例，为你解析保险行业的发展趋势，以及外部经济环境和社会环境对保险行业的影响，为代理人找到一条最具发展前景的职业道路——保险顾问。

当职业目标从保险销售员变为保险顾问，这不单单是名字的变化，更意味着职业态度和工作方法的转变。当然，如果你已经非常明确转型为保险顾问的重要性，自己也在朝这个方向努力，那你大可跳过前两章，进入后面章节的学习。

第三章到第五章是我结合自己和行业优秀人才的工作经验，整理出的一套完整的实战技能。从最基础的保险营销技能，到核心的保险规划技能，最后到进阶的财富管理技能，我都会毫无保留地分享给你。你可以根据自己的实际情况，来选择从哪一类技能开始看起，查漏补缺，不断完善自己的技能体系。当然，除了介绍每类技能具体包括的知识点，我还介绍了很多具体的案例，以帮助你更好地理解和掌握要点。

最后，为了让你更直观地感受到保险发展的新趋势，以及这一趋势对保险顾问的需求，我特意采访了中信保诚首席行政总监唐洁和独立寿险讲师王辰，请他们分享自己对行业和保险代理人这一职业的看法和建议。这两位都是业内有名的"InsurStar"，也就是我们常说的"保险之星"，在保险行业取得过优秀的成绩。

唐洁是一位非常有代表性的保险创业者，她"半路出家"，从IT行业转入保险行业。经过 15 年的沉淀，她已成为行业中的佼佼者。王辰则是保险行业非常优秀的独立讲师，与大江南北的一线保险从业者进行过直接对话，对于哪些从业者能把业务做好、为什么能做好等问题很有发言权。

我希望能通过与他们的交流，把他们的经验传递给你。

我相信，拿到这本书的你，一定跟我一样，一直在路上，一直期待变得更好，一直相信善良、美好、专业、坚持和幸福——这些一直给我们希望的词语。

所以，希望你会喜欢这本书，希望我们怀揣着一样的初心，跟着这个行业一步步成长，打造保险专业时代属于我们的荣耀高光。

对我而言，保险行业帮助了我的成长，所以我也想回馈这个行业，和大家一起成长。我相信保险的价值，更相信成长的力量。

坚持做下去，我愿意等待时间的回报。

目录

保险是一种中间人经济

成为保险顾问，势在必行

基础技能篇：保险营销

01

保险是一种
中间人经济

当下，大多数行业都是依靠技术升级，来实现快速发展。比如移动通讯技术的升级（1G 到 5G），推动着互联网迅速从计算机互联网发展到移动互联网，再发展到现在的万物互联网，大大改变了我们的生活。而保险行业，是少有的以人为主要推动力的行业。

保险行业有四个营销渠道：个人营销、银邮（银行、邮政）代理、团体（企业对企业）保险、互联网营销。在中国，个人营销的比重最大，占据市场份额的 50% 以上；银邮代理和团体保险分别占 30% 和 7% 左右，这两种渠道事实上也需要以人为媒介，比如银行客户经理、企业销售经理等。真正摆脱以人为媒介的渠道，只有互联网营销，但它所占的市场份额很低，不足 15%。从发展趋势来看，互联网营销的比重在未来虽然会有所增长，但我认为不会超过个人营销，也不会取代个人营销在保险市场中的主体地位。至于世界其他保险市场的营销情况，跟中国基本类似。也就是说，如果没有人作为媒介，中国乃至全世界保险行业的总交易量都将锐减。

对于从业者来说，明确自己在行业里的定位，可以帮助我们更深刻地了解自己的职业属性，从而明确自己的职业发展目标。

保险属于商业活动

保险的商业属性

如果阅读此书的你是金融专业毕业，或者曾经考过保险代理从业人员资格证书，你应该学过一个知识点：保险在实质上是一种特殊商品的交换行为。商品交换即常说的经济行为，它包括三大要素：行为主体、策略和收益。

保险的行为主体，就是我们日常接触的保险客户 ① 和保险公司。保险客户是需求方，虽然每个客户都有各自不同的背景和经历，但有些潜在的风险是普遍的。比如，大家都担心自己会生病，希望能获得保障，也愿意提前付出一定的成本，来换取在风险发生后的补偿。当他们觉得现在付出的成本远远小于将来的预计损失时，就会对保险的风险补偿功能产生需求，从而选择购买健康险这类保险产品。

而对于供给方，也就是保险公司来说，它可以通过精算来判断，针对某类风险收取的保费是不是有利可图。如果凭借收取的保费，不但足以对被保险人因风险造成的损失进行补偿，还能让保险公司获得额外的盈利，那它就会尽量把足够多面临这类风险的人组织起来，收取保费，建立保险基金。

---

① 保险客户包括个人和团体两类，虽然保险顾问有时会代表公司与团体洽谈保险业务，但其主要服务对象是个人。因此，本书所提及的客户，均为个人，包括所有对保险有需求的个人，不局限于跟保险公司有合同关系的投保人和被保险人。

以健康险中的重大疾病保险（下文简称"重疾险"）为例。此前，我根据中国银行保险监督管理委员会（以下简称银保监会）发布的《中国人身保险业重大疾病经验发生率表（2020）》和《中国人身保险业经验生命表2010—2013》，大致计算出人一生患重大疾病的概率在70%左右，而且随着年龄增长，重疾发生率会不断增加。面对"患重疾"这个风险，保险客户和保险公司的思考方式有很大不同。对保险客户而言，他虽然知道从大数据来说人一生患重疾的概率很高，但具体到他个人，概率就变成了要么是100%患病，要么是0%，不确定性很大，而且没有中间值。可是考虑到一旦患病后，治疗重大疾病的医疗费用非常高，甚至会因此中断工作没有收入，所以保险客户通常会愿意先付出一笔较少的资金，来换取真正发生重疾时的较高经济补偿。

对于保险公司来说，它不是为某个人承保，而是面向所有具有保险需求的人。所以，某一风险发生的概率越高，公司的理赔概率就越高。针对像重疾这种发生率高达70%的风险，保险公司就需要搜集足够多的样本来计算风险，以及承保该风险可能会给予的保险金（即理赔金），然后在此基础上，制定合理的保费和投保条件，并选择适当的宣传方式来吸引更多的保险客户投保。因为根据大数定律①，投保客户的数量越大，保险公司实际理赔的概率就会无限接近此前精算所预期的风险发生概率，实际损失的结果也会越接近预期损失，从而确保自己不会因为理赔亏本，保证

① 大数定律是数学与统计学概念，指的是样本数量越多，就越有可能接近期望值。

自己的承保利润。

再说策略，需求方把风险转移给供应方来获得风险保障，供应方愿意承担风险而获得利润，可如果只是口头约定，这种关系总归是不可靠的，那怎么办呢？签合同。保险经济关系的建立是以保险合同为基础的，投保人和保险公司签订保险合同，用法律来规定保险双方的权利和义务，比如投保人需要履行定期缴纳保费的义务，保险公司需要履行承担给付保险金的义务。

最后是收益，对于保险客户来说，收益当然是提前转移了风险，而风险发生时能够获得经济补偿；而对保险公司来说，则是为了盈利。

既然保险属于标准的经济行为，那它同时还需要具备商业活动必备的两大特质："营利性"和"交易"。因为经济行为都属于商业活动范畴。

营利性是判断某种行为是否可以归类为商业活动的重要依据，就像保险，我们可以根据经营目的大致分为社会保险和商业保险。对于社会保险，它属于政策性保险，是一种财富再分配制度，由政府把一部分群体收入的一部分拿出来作为社会保险基金，来保障有需求的人获得损失补偿，虽然也会要求经济核算，但社会保险并不以营利为目的，它更加注重社会效益，即项目实施后为社会所做的贡献。社会保险本身是一种普遍性的福利，希望可以做到覆盖所有个体，为丧失劳动力、暂时失去劳动岗位或因健康原因造成损失的人群提供收入或补偿，更好地照顾社会弱势群体。

即使出现亏损，也有财政兜底。因此，社会保险并不是一种商业活动，也不是经济行为，不在本书的探讨范围。

而商业保险，是保险双方自愿订立保险合同，一方缴纳保费以获得经由保险合同明确的保险责任和保额，一方按照保险合同约定的责任和保额来履行赔付的义务。保险公司追求的是在风险可控的情况下获得利润，投保人和被保险人想要的是在风险发生后能得到补偿。所以，从供需双方来看，营利性都是它最大的特征。

再说交易，商业的本质就是商品交易。我经常看到有人疑惑：保险是商品吗？保险交易是否符合商业规则？的确，市场上用于交易的商品大多都是有形的，比如饭菜、手表、包包等。但同时，还有很多商品是无形的，它们被叫作服务性商品，包括现在很流行的知识服务，以及我要给你讲的保险。1972年诺贝尔经济学奖获得者肯尼斯·阿罗（Kenneth Arrow）曾经说过："保险是一种服务性商品，不具有物质性形态。"它是保险公司向投保人和被保险人提供的服务劳动所形成的一种服务商品。

但服务性商品和有形商品的最大区别，还不在于有没有物质性形态，而在于交易关系的结束时间。当客户购买有形商品时，比如化妆品、手机、电脑等，交易环节完成往往意味着交易双方关系结束。有人说，"不对吧，我买手机也有后续服务啊，免费送货、上门维修等"，这些其实都属于商品的延伸范畴，不是交易的商品本身。而交易服务性商品，比如保险产品、理财产品、旅游服务、信息咨询、法律服务、知识服务等，交易完成意味着卖方的服务刚刚开始，具体什么时候结束得根据情况而定。比如，去旅行社敲定行程缴纳费用的时候，交易是完成了，但交易关系还没结束。一般来说，得等旅行回来之后，卖方才算是结束了服务，交易关系到此才终止。

不管是哪种类型，只要是商品，在交易的时候都得符合商品等价交换的原则。在这一点上，保险也遭受了很多质疑。常见的等价交换是这样的：小刘最终以市场价 400 元 / 克的价格买下一只金手镯。

而保险交易，是保险客户缴纳保费，来换取未来的一笔保险金。但风险具有不确定性，有的人交够了保费，最后却因为风险没发生什么补偿都没得到，也有的人所得赔偿金是当初缴纳保费的百倍、千倍。基于这点，有人就认为保险交易不是等价交换的。

但事实上，等价交换并不要求交换的两样事物在客观上的价值必须一样。只要交换双方都认为是等价的，这次交易就属于等价交换。比如前面提到的那只金手镯，小刘他老婆收到礼物后不久，就因为娘家急需一笔钱，把手镯卖了救急。半年后，娘家经济条件好转，把之前借的钱还给了小刘他老婆。同时，小刘他老婆也积攒了一些余钱，于是她找到买家愿意用市场价 2 倍的价格买回那只手镯。因为她认为那只金手镯不仅有黄金的价值，同时还承载着夫妻相互扶持的情感价值。虽然这场交易不是按市场价成交的，但对交换双方来说，是等价，因此也属于等价交换。

同理，对于保险客户来说，他们在购买保险之前一般都会考虑成本，也就是评估这笔交易值不值得。如果对比后发现，自己按市场价买了保险获得了风险保障，日后风险发生时财务不紧张，没买的话可能就会陷入财务危机，那保险客户自然会认为保险公司提供的商品的价值，跟他要支付的保费价值，是等价的。

假设客户计划购买一份终身重疾险，保额 50 万，缴费期限 20 年，每年保费 7000 元，他面临的成本是每年 7000 元的支出，如果缴满 20 年则总额是 14 万。再对比下患重疾的治疗费用，以恶性肿瘤为例，根据华金证券的报告《保险行业专题报告：家庭人身保障保险配置策略探讨》，总体治疗费用在 12~50 万，其中 CT、伽马刀、核磁共振等项目的费用社保医疗不报销或只部分报销，同时 80% 以上的进口特效药不在社保医疗报销范围内，需要自掏腰包。这样一对比，客户自然会认为每年花费 7000 元获得终身的重疾保险保障，是等价的。

而对保险公司来说，它在承保某种风险前也会考虑成本。一方面，保险公司会通过大量的样本计算出这些样本发生该风险的概率和预期理赔成本，只有当风险损失可被计算出来且在可承担范围内，保险公司才愿意承保。另一方面，保险公司设计某款保险产品不会只为单个个体承保。以车险为例，如果只有一辆车投保，保费 1 万元，保额 10 万元，一旦这辆车发生全损风险（即损坏到无法修复），保险公司就需要倒赔 9 万元，这种交易在保险公司看来自然是不等价的。所以，公司设计车险时的大前提，肯定是让这一产品能适用于绝大多数的车辆①，同时在销售时努力通过宣传等手段让投保基数变大。这样，即使部分车辆发生风险，收取的保费也能覆盖给付的保险金且还有利可图。站在保险公司的立场，售卖这样的产品自然是值得的。

因此，基于商业保险的营利性和等价交换特征，我们可以明确保险经济属于商业活动。而作为保险顾问，我们的工作自然也要符合基本的商业逻辑，帮助保险客户和保险公司完成保险交易并提供后续服务。

信息不对称和信用不传递

刘润老师在得到 App 的课程"商业通识 30 讲"里总结道："商业的本质是交易，信息不对称和信用不传递是阻碍交易的两条恶龙。"

什么是信息不对称呢？这个概念是三位美国经济学家，约瑟夫·斯蒂格利茨（Joseph Stiglitz）、乔治·阿克尔洛夫（George Akerlof）和迈克尔·斯彭斯（Michael Spence）在研究市场交易行为时提出的，用来代指参与市场交换的双方在掌握信息上的不平衡状态。一般来说，卖方拥有较完全的信息而买方拥有不完全的信息。

举个例子，二手房交易市场是一个很明显的信息不对称市场。二手房的卖家一般都是使用过该房一段时间的拥有者，在使用过

---

① 一般来说，保险公司会规定可投保车险产品的车型，通常不会包括所有车型。

程中对房屋的质量、缺陷、区位特点等都有一定认知；而买方对二手房的认识，一般是通过中介渠道以及和卖家的交流来获得的，居住体验几乎为零。为了获得更高的交易价格，卖家极有可能会隐藏房屋缺陷，使得买方的正当利益受到损害。

而信用不传递，是说在商业交易中必不可少的两个角色就是买家和卖家，但他们之间天然不信任。买家认为对方为了赚钱只说好的不说坏的，反过来卖家会觉得买家会故意压价。你想想，要是卖家跟你说：这个价已经是亏本卖了，你会相信吗？反过来，如果你是卖家，买家跟你说：一样的东西，别家店卖得就比你便宜，你是不是多半也会怀疑对方没说实话、只是想找理由跟你砍价？

信息不对称和信用不传递这两个弊端，作为阻碍商业交易的两条恶龙，它们造成的负面影响，主要体现在有四个方面：交易成本增加、劣货驱逐良货、不公平交易和市场缩小。

第一个负面影响是交易成本增加。我们都知道，交易成本是无法彻底消除的，只能降低。古典经济学理论认为，"交易在市场机能的运作下将会完美进行，亦即交易成本为零"。当然，这样的市场要求内部的经济主体要得到完全对称的信息。可是，交易市场的信息不对称是必然存在的，而且买卖双方的行为是具有有限理性和机会成本的，这就增加了交易的复杂性。

有限理性，是说交易者的行为受限于其本身语言能力及客观环境的不确定性及复杂性，他们不可能消化所有的信息并得出完全准确的结果。而机会成本是指，由于交易主体基于追求自身利益最大化的动机，在交易过程中双方可能会采取一些隐瞒策略，或者利用信息不对称来欺骗对方，也就是前面介绍的信用不传递。基于这两点，买卖双方交易时必须进行协商、谈判，这就增加了交易成本。

以期房交易为例。我公司同事小王在 2019 年回老家石家庄买了一套房。当时他单身，而且年纪也不大，才 25 岁，想着近两三年应该不会结婚，不用着急买现房来住。于是，小王看中了石家庄某房企新开发的一个住宅项目，但因为房子还在修建中，他只能通过置业顾问的讲述和样板间的情况，来判断这个小区的房子符不符合自己的要求。想来想去，他一直没下定决心，因为在小王看来，开发企业掌握着房子的所有信息，包括户型设计、五证情况、建筑质量、小区配套、建设周期等，为了吸引更多的购房者，快速卖出房源完成资金回笼，有选择地把一些信息通过置业顾问传达给自己。要是有很关键的信息被隐瞒了，等到交房后才知道，比如土地使用权年限、房屋工程质量等，那对小王来说，这单交易的成本就太大了。

于是，他请在房地产行业工作的高中同学吃了顿饭，拜托对方帮忙打听一下该楼盘是否可靠。确定各方面都没问题后，小王才下定决心购买。听说，现在快交房了，实际情况跟之前打听到的差不多，小王很满意。

小王算是很幸运的了，因为很多购房者并没有这样的人情关系，即便有，也不一定能打听到。再退一步，就算打听到了，买方也还是有风险，毕竟很多消息可能都只是一时的，之后会发生变动。如果运气不好，遇到不良开发商，还可能遇到烂尾、延期交房、实际交付与宣传差异很大等情况，交易成本就更大了。

信息不对称和信用不传递对商业活动的负面影响，还体现在会造成劣货驱逐良货。乔治·阿克尔洛夫教授在 1970 年发表的论文《柠檬市场①：质量的不确定性和市场机制》(*The Markets for "Lemons": Quality Uncertainty and The Market Mechanism*) 里，介绍了一个二手车市场的经典案例。

阿克尔洛夫发现，旧车市场的日渐式微，是因为买卖双方对车况掌握的不同，从而滋生了诸多矛盾。在旧车市场中，卖家一定比买家掌握更多的信息。比如，一辆保养得还不错的车，卖家的收购价基本在 10000 美元左右，但卖价却很少会低于 12000 美元。

本来，卖家赚差价也是理所当然的，一买一卖中间也是有时间精力付出的，买家对此也心知肚明。但问题是，这差价具体有多少，买家却是不清楚的。为了不当冤大头，让交易尽量公平，买家通常会刻意压价，甚至低于卖家的收购价。例如只出价 8000 元，卖家自然不会做亏本买卖。但如果总是出现这种情况，旧车交易市场的卖家也就没生意可做了。于是，他们通常会采取以次充好的手段来满足低价位买家。这样一来，旧车质量越来越差，

---

① "柠檬"在美国俚语中表示"次品"或"不中用的东西"，所以柠檬市场也称次品市场。

质量高的逐渐都被市场淘汰了，这就是所谓的劣货驱逐良货。

第三个负面影响是不公平交易。掌握更多信息的一方会利用信息不对称进行内幕交易，来获利更多利益。这种现象在证券市场交易中比较多见，比如 2012 年的天威视讯内幕交易案。2012年 4 月，天威视讯公告称，拟通过向深圳广电集团等特定对象发行股份的方式，购买深圳市天宝广播公司和天隆广播公司网络资产和业务。时任深圳市委宣传部副巡视员的倪鹤琴、天宝广播总经理的冯方明等人作为重大资产重组工作的主要协调人和参与人，因职务原因，在公告发布前就得知了相关消息。于是，他们利用配偶、亲属、司机等人证券账户大量买入，抢占先机。除此之外，部分企业管理层和员工通过领导班子考评、职工座谈会等渠道也获知了消息，还对外泄露出去了，导致内幕消息大面积扩散。虽然事后利用内幕信息交易的当事人得到了法律的制裁，但这种行为显然对其他投资者不公平，他们遭受的损失也很难得到补偿。

最后，负面影响还体现在会缩小市场。三鹿奶粉事件就是最典型的例子。2008 年，很多食用三鹿集团生产的奶粉的婴儿被发现患有肾结石，随后调查人员在三鹿奶粉中发现化工原料三聚氰胺。这一事件持续发酵后，造成消费者信心崩塌，中国消费者开始在欧美、中国香港疯狂抢购婴儿奶粉，而那时候海淘还不太盛行。

同时，数据显示，2007 年时，外资奶粉在国内市场的占有率还只有 35% 左右，2008 年三鹿事件爆发后外资奶粉的进口量大增，不断蚕食国产奶粉的市场份额，到了 2012 年，就已经接近 60% 了，市场占有率排名前三的均为外资奶粉。到 2019 年奶粉行业国内大牌、国际大牌和其他品牌市场占有率分别为 39.7%、47.5% 和 12.8%，国际大牌的市场占有率仍高于国内大牌。[①]

保险交易的天然鸿沟

具体到保险，作为商业活动，它自然也具备信息不对称和信用不传递这两大特征。

和一般商业不同，保险行业的信息不对称有个特点，就是"专业"。比如服装行业之所以信息不对称，是因为买方不知道进货来源、衣服成本价、其他店铺等。虽然这些信息比较复杂，里面也夹杂着很多门道，但获取途径是有的。互联网兴起后，这类信息就更容易获取了，有的甚至只需要简单搜索就能得知，连金钱成本都不用付出。现在，很多人选择线上开服装店，就是因为行业门槛没那么高。

保险信息却不太一样。虽然保险合同里包含了所购买保险产品的所有信息，买方也有权利阅读合同的所有条款，但可能读下来的结果是：什么都不懂。这是因为保险合同比较特殊，它是附合合同。

根据订立合同时双方的地位划分，合同可以分为附合合同和

---

① 数据来源：前瞻产业研究院，《2021—2026年中国奶粉行业市场前瞻与投资战略规划分析报告》。

议商合同。议商合同是指当事人可以就合同条款进行充分协商而订立的合同，当事人不仅有订立合同的自由，而且还有决定合同内容的自由。常见的商业合同都属于这类，比如一家企业计划向华为合作采购一批手机，双方一般会先就团购价格、赠品、增值服务等事项进行协商，然后再据此签订商业合同。而附合合同是指合同条款事先由当事人的一方拟定，另一方只有接受或不接受该条款的选择，但不能就该条款进行修改或变更。

为什么保险合同是附合合同呢？直接的原因是投保人往往不熟悉保险业务，很难对保险条款提出异议，缺少有效协商的基础。当然，保险公司也不能随意拟定条款，所有合同都要经过监管部门审批。同时，考虑到保险公司在拟定合同时占有明显的优势，一旦保险公司和投保人对合同条款中某些词义的理解产生分歧时，法院往往会作出有利于投保人和被保险人的解释。

但保险合同带来的信息差是客观存在的、也是无法避免的。因为保险公司在拟定条款时，为了提高合同语言的精准性，同时避免重复冗长的叙述占用太多不必要的篇幅，会使用很多专业术语。此外，条款还经常会涉及很多法律、医学等其他领域的专业知识，很难做到完全通俗。因此，客户很难根据合同里的这些条款，自行判断自己到底有没有吃亏、这款产品到底适不适合自己。图 1–1 展现的，是某款年金险产品关于责任的条款，圈出部分即为包含信息差的内容。需要注意的是，图 1–1 只用作示范保险合同具有信息差，不作为购买推荐。

❶ 我们保什么，保多久

这部分讲的是我们提供的保障以及我们提供保障的期间。

1.1 保险责任　　在本合同有效期间内，我们按以下约定承担保险责任：

| 生存保险金 |

自本合同生效后的第六个保单周年日[1]起，至保险期满的前一个保单周年日（含当日），若被保险人于每个保单周年日零时仍生存，我们将于每个保单周年日按本合同的**基本保险金额**[2]所对应的年交保险费乘以下表对应的生存保险金给付比例给付生存保险金：

交费期间/保障期间	生存保险金给付比例
趸交/10年期	4%
趸交/15年期	5%
趸交/20年期	5%
3年交/10年期	8%
3年交/15年期	10%
3年交/20年期	10%
5年交/15年期	12%
5年交/20年期	12%

| 特别生存保险金 |

若被保险人于本合同生效后的第五个保单周年日零时仍生存，我们将于第五个保单周年日按合同的基本保险金额所对应的年交保险费乘以下表所对应的特别生存保险金给付比例给付特别生存保险金：

交费期间/保障期间	特别生存保险金给付比例
趸交/10年期	4%
趸交/15年期	5%
趸交/20年期	5%
3年交/10年期	48%
3年交/15年期	60%

---

1 保单周年日指本合同生效日以后每年的对应日。如果当月无对应的同一日，则以该月最后一日作为对应日。第一个保单周年日为第二个保单年度的首日。

2 **基本保险金额**由您在投保时与本公司约定，并在保险单上载明。若该金额发生变更，则以变更后的金额为基本保险金额。

第1页[共8页]

图1-1　某年金保险条款

　　如果你现在还不是行业内部人员，看完后可能一头雾水，甚至会产生更多的疑问。而这，已经是年金险条款里相对简单的内容了。如果是收益演示表和分红报告的相关条款，没有一定的金融知识和数学计算能力，那是既看不懂，也算不明白。比如客户想购买年金险为退休后的养老生活做准备，虽然产品会有收益演示表，但通常客户提出质疑：这个表里罗列的金额真的够自己养老吗？要回答这个问题，需要计算客户在退休时需要维持多高的消费水平，需要计算除年金险外其他养老资产的总额，需要考虑通货膨胀率等。别说普通客户，连一些水平不够的保险从业者可能也算不清这笔账。具体怎么算，我在第四章会详细介绍，这里只是让你先感受下保险条款在信息上对客户的"不友好"。

当然，年金险属于保险里比较复杂的险种，但哪怕是常见的儿童重疾险，客户也不一定就能自己看懂其中的条款，比如图1-2 中所展示的，尤其是方框圈出的部分。需要注意，图 1-2 只用作示范保险合同具有信息差，不作为购买推荐。

释义

第二十五条

【医院】指保险人与投保人约定的定点医院，未约定定点医院的，则指经中华人民共和国卫生部门评审确定的二级或二级以上的公立医院，但不包括主要作为诊断、康复、护理、休养、静养、戒酒、戒毒等或类似的医疗机构。该医院必须具有符合国家有关医院管理规则设置标准的医疗设备，且全天二十四小时有合格医师及护士驻院提供医疗及护理服务。

【意外伤害】指以外来的、突发的、非本意的和非疾病的客观事件为直接且单独的原因致使身体受到的伤害。

【重大疾病】指被保险人发生符合以下疾病定义所述条件的疾病、疾病状态或手术，应当由专科医生明确诊断。其中第 1 款到第 28 款为 2020 年中国保险行业协会与中国医师协会制定的《重大疾病保险的疾病定义使用规范（2020 年修订版）》规范定义的 28 种重大疾病，第 29 款到第 120 款为保险人在此之外增加的疾病。

以下疾病名称仅理解使用，具体保障范围以每项疾病具体定义为准。

> 1. 恶性肿瘤——重度

指恶性细胞不受控制的进行性增长和扩散，浸润和破坏周围正常组织，可以经血管、淋巴管和体腔扩散转移到身体其他部位，病灶经组织病理学检查（涵盖骨髓病理学检查）结果明确诊断，临床诊断属于世界卫生组织（WHO，World Health Organization）《疾病和有关健康问题的国际统计分类》第十次修订版（ICD-10）的恶性肿瘤类别及《国际疾病分类肿瘤学专辑》第三版 (ICD-O-3) 的肿瘤形态学编码属于 3、6、9（恶性肿瘤）范畴的疾病。

下列疾病不属于"恶性肿瘤——重度"，不在保障范围内：

> （1）ICD-O-3 肿瘤形态学编码属于 0（良性肿瘤）、1（动态未定性肿瘤）、2（原位癌和非侵袭性癌）范畴的疾病，如：
> a. 原位癌、癌前病变、非浸润性癌、非侵袭性癌、肿瘤细胞未侵犯基底层、上皮内瘤变、细胞不典型性增生等；
> b. 交界性肿瘤，交界恶性肿瘤，肿瘤低度恶性潜能，潜在低度恶性肿瘤等；
> （2）TNM 分期为 I 期或更轻分期的甲状腺癌；
> （3）TNM 分期为 T1N0M0 期或更轻分期的前列腺癌；
> （4）黑色素瘤以外的未发生淋巴结和远处转移的皮肤恶性肿瘤；
> （5）相当于 Binet 分期方案 A 期程度的慢性淋巴细胞白血病；
> （6）相当于 Ann Arbor 分期方案 I 期程度的何杰金氏病；
> （7）未发生淋巴结和远处转移且 WHO 分级为 G1 级别（核分裂像 <10/50HPF 和 ki-67 ≤ 2%）或更轻分级的神经内分泌肿瘤。

图1-2 某重大疾病保险条款对疾病的规定

　　这就是保险公司对保险客户的信息优势。反过来，保险客户也有自己的信息优势。比如，他们比保险公司更清楚自己的身体健康，以及出现风险的概率大小，同时，保险公司并不会要求所有投保健康险的客户都提前进行体检，因为如果对每位客户都进行严格核保的话，会大大增加公司的成本。这在某种程度上，方便了客户利用信息优势来获得基础保障。

　　近几年盛行的百万医疗险，就多通过互联网销售。客户在投保时只需要口头告知自身健康情况就可以，不需要提供相关证明，也不用现去医院体检。不少保险公司因此遭受了巨大损失，比如2018 年，安心财产保险有限责任公司、泰康在线财产保险股份有限公司、众安在线财产保险股份有限公司、易安财产保险股份有限公司这 4 家专业互联网财险公司的健康险，全部都出现了承保亏损的情况。

　　所以，对于保险交易来说，信息不对称是必然的。而且，与一般商业交易卖方占据优势不同，保险公司和保险客户这对买卖双方，各自都拥有自己的信息优势。

　　同样地，在信任上，保险公司不是百分之百相信保险客户，保险客户也不是百分之百相信保险公司。这就是保险的信用不传递。

　　保险公司为什么不是百分之百信任自己的客户呢？主要是因为信息不对称造成了两个问题：道德风险和逆选择。道德风险是指客户在购买保险后，故意采取某种行为导致保险事故，从而向保险公司索赔。保险是个考验人性的商品，这几年杀妻、杀夫、甚至杀子骗保的新闻都不少。

基于这一点，很多国家对儿童身故保额都有限制。像中国，根据《中国保监会关于父母为其未成年子女投保以死亡为给付保险金条件人身保险有关问题的通知》，对于父母为其未成年子女投保人身保险的，在被保险人成年之前，各保险合同约定的被保险人死亡给付的保险金额总和、被保险人死亡时各保险公司实际给付的保险金总和按以下限额执行：

（一）对于被保险人不满 10 周岁的，不得超过人民币 20 万元。

（二）对于被保险人已满 10 周岁但未满 18 周岁的，不得超过人民币 50 万元。

之所以限制保额，并不是因为孩子的生命价值是有限的，而是为了避免道德风险，在法律上告诉投保人，为了 20 万或 50 万元，杀掉自己的孩子骗保不值得。

再说逆选择，它指的是投保人已经知道了不可保事件但仍向保险公司投保的行为。保险公司在给产品定价时，是根据总体市场的风险进行的评估，对每个客户的具体情况并不是很了解。在现实的保险市场中，保险客户比保险公司更知道自己的健康状况和风险出现的概率，风险发生概率低的客户称为优等客户，风险发生概率高的客户称为劣等客户。这里说的"优等"和"劣等"，仅针对风险发生概率而言。

保险公司当然更愿意把产品卖给优等客户，但积极主动购买保险的大多是容易出险的人，因为他们预测自己容易出事故，希望出险后有保险公司为他们付钱，而风险发生概率低的客户往往会犹豫不决。甚至，有的客户为了利益，还会人为"提高"风险发生的概率，或者篡改风险发生的实际情况。这样一来，保险公司经营的风险概率就大大增加，保险公司担心没有利润，或是因客户的逆选择吃了亏，就会倾向于提高保费。优等客户一看保费提高了，就更犹豫了，从而就会造成像上文讲到的二手车市场的例子，出现"劣货驱逐良货"的现象。

例如，2019年，南京的李某使用自己和其以购买理财为由从亲朋好友处骗来的身份信息和银行卡信息，购买机票和延误险。在每次交易之前，李某都会对航班和当地天气进行分析，同时查看网友们的评论跟新闻报告，找出一些延误率非常高的航班。接着，在起飞的时候，李某会再次确认天气情况，如果判断航班可能不会延误，她就会在飞机起飞之前把票退掉，尽量减少损失。如果延误概率很大，李某就会购买该航班对应的延误险，一旦航班出现延误，便开始向保险公司索赔。从2015年至今，李某通过购票虚构行程，在近900次延误航班中获得了高达300多万元的保险金。这个案例在当时的保险业引起了很大关注，这之后保险公司纷纷提高了延误险的理赔要求，一定程度上损耗了没有投机取巧的投保人和被保险人的利益，甚至影响到了延误险的销售。

再比如，2013年左右，保险市场出现了一个很奇怪的现象：

多家保险公司的意外险产品在保险合同中注明"北京平谷区所有医院就医均不给予理赔"。一款保险产品,单独把一个地区作为除外行列这是很罕见的。为什么会出现这种情况呢?这是因为,此前保险公司发现当地有部分客户存在骗保行为,他们让医院帮助修改病历,以获取保额。比如客户 A 在 10 月 8 日投保,医院病历显示他 10 月 10 日生病,但公司经过调查发现,客户实际上的生病时间是 10 月 7 日。于是,有的保险公司干脆不向平谷地区的客户销售意外险,有的则是以特别约定的方式告诉客户出了意外不要去平谷的医院就医。这种行为就是典型的"劣货驱逐良货",因为一些客户的道德风险和逆选择,导致优质客户无法买到需要的产品或无法享受相应的服务。

现在保险公司为了防止逆选择,也做了很多措施,比如投保健康保险达到一定的保额,要求体检,根据检查情况再来确定是否承保,以及是否需要客户增加保费;再比如车险正在尝试"车联网",借助大数据采集客户和汽车信息,实现精准定价。

至于保险客户对保险公司的不信任,主要是客户既不清楚产品的设计过程,也看不懂保险条款。那他们就会倾向于认为,保险条款可能更偏向保险公司,合同里藏有坑,以及担心风险发生后公司会故意拒赔。再加上,未来风险本身具有不确定性,而人又天生具有侥幸心理,所以当保险公司让保险客户买保险时,客户会觉得公司是为了赚自己的钱。

举个例子,我的得到 App 课程"给忙碌者的个人保险课"上线后，收到了不少私信询问保险问题。其中有个学员就问我：为什么我和朋友一起购买同一家保险公司的同款重疾险，朋友之前得过乳腺肿瘤顺利承保了，而我只是得了结节却被拒保了，这家公司的风控是不是有问题？我还能相信它吗？在不了解保险公司运营情况时，面对这样的"区别待遇"，保险客户自然会对公司产生不信任感。

但进一步沟通后，我了解到，他的朋友之前虽然得过乳腺肿瘤，但已经通过乳腺切除治疗好了，后期也没有再复发的可能，保险公司自然不会因为乳腺肿瘤的问题难为她。而这位学员，他目前已经有了结节，未来发生疾病的概率要比普通客户高。同时，保险公司也会在自己的案例库中调取同样因结节导致最后发病的概率。如果保险公司根据已有数据推测，结节超过1厘米引发重疾的概率较高，而这位学员的结节又正好多于1厘米，那公司做出拒保决定其实是合理的。

所以，基于信息不对称，保险公司和保险客户之间不是完全信任的，这就是保险这一经济行为在供应和需求之间的天然鸿沟。

保险代理人制度

解决阻碍交易的两条恶龙

一般来说，解决信息不对称和信用不传递这两大商业阻碍的方法有两种：一是通过学习获取相关信息／知识，二是通过中间人获得专业咨询。

通过学习获取相关信息／知识，指的是买方可以自行了解更多有关商品交易的内部或专业知识，来弥补跟卖方之间的信息差。当客户懂得如何判断商品的质量好坏，以及某个交易是否值得后，自然就能对商家的话术有更清楚的认知，甚至卖方也会因为买方的"懂行"而更倾向于诚信交易。如此，基于信息不对称产生的信用问题也可以随之得到一定程度的解决。

但这种方法，只适用于高频的、刚需的、基础的商品交易，比如买菜、买衣服、买家居清洁用品等。这主要有三个方面的原因：一是成本低，因为这些交易经常会发生，相关知识一旦学会后，隔三岔五就能用上，性价比高；二是门槛低，这些消费都是日常生活所需的，不需要去报班学习，我们在耳濡目染中就能获取一些信息；三是易掌握，日常交易涉及的知识也偏基础，几乎不涉及分红计算这样的专业内容。所以，针对这些交易买方可以通过学习来解决和商家之间的信息不对称。

相对地，如果交易的是低频、非刚需的商品，比如保险产品、法律服务等，一般就很少有买方去学习相关知识了。一是这些商品本身具有复杂性和专业性，通过培训未必能完全掌握；二是这些商品并不是日常会用到，我们不会天天买保险，不会天天打官司，等需要用到时，只需要找个信任的保险顾问或者律师就好了。

而这些提供专业咨询服务的，就被称为中间人，负责传递信息和信用。那这个中间人，一般是谁来负责找呢？以房屋中介这类中间人为例，发起方既可以是买方，也可以是卖方。比如小刘想买一套房子，但他对房产知识和交易环节都不了解，于是小刘在同事的推荐下去找了家房产中介，把自己的要求告诉了对方：想在海淀区买套学区房，最好旁边是大学，户型是三室两厅……接下来，房产中介就会按照这些要求，来帮小刘寻找合适的房源。这时就是买方负责找中间人。当然，也可以是卖方来负责找中间人，比如小李因为着急用钱，需要在 1 个月内把手里的一套房子卖掉套现，只靠自己可能很难办到，于是他找到房产中介让其帮忙促成交易。

具体到商业保险，作为低频非刚需的商品，自然很难依靠买方通过学习来解决信息不对称跟信用不传递这两大难题，必须借助中间人。而保险行业的中间人，就是我们常说的保险代理人[①]。

---

① 保险代理人是根据保险公司的委托授权，代理其经营保险业务，并收取代理费用；保险经纪人则是基于投保人的利益，为投保人提供中介服务，并收取佣金。目前中国大陆的保险销售市场主要以保险代理人为主，经纪人只占较少的部分，因此本书提及保险中间人时均特指保险代理人。

　　站在卖方的立场，保险公司可能会不相信保险客户，但它一定会相信自己培养出来的员工，也就是现在以及未来要进入保险行业的你们。保险从业者是经过面试、培训、上岗、实习等环节选出来的，对保险和公司的理念有认同，而且双方之间有代理合同做利益链接。所以，保险代理人和保险公司之间的信用是可以传递的。举个例子，保险客户主动去找保险公司买保额100万的重疾险，保险公司怕逆选择和道德风险，会让客户提交体检报告，确认要不要增加保费或增加除外责任。但如果客户通过保险代理人去买重疾险，保险代理人就会提前和保险公司沟通客户的情况，公司因为愿意信任自己的员工，而给到客户一个免体检资格。

　　那客户会相信保险代理人吗？考虑保险代理人跟保险公司的关系，客户当然不会相信所有的保险代理人，甚至会担心保险代理人为了公司利益来欺骗自己。但如果客户跟某个代理人有一些其他的联系，不是完全的陌生人，情况可能就会不一样。

　　比如，我从事保险行业近20年了，曾担任某保险央企高管，并在任职期间成立了中国保险行业第一个专门服务高净值客户的部门，服务过近千位资产过亿的重要客户，为他们解决保险配置的问题。要是这时候，有位客户通过自媒体平台私信我，即使他能看到我发布的一些信息，我俩其实也还是陌生人，他大概率不会来找我咨询保险，因为缺少信任基础。相反，得到App的员工如果想购买保险，可能第一时间就会想到我。这是因为，我从

2018 年到 2021 年，一直在与得到 App 合作，跟很多员工都建立起了联系，他们熟悉并认可我的工作，自然会愿意向我咨询保险。至于那些和我没有直接接触过的得到 App 的员工，也都知道我跟公司的合作关系，出于对公司选择老师的信任，他们对我也会有天然的好感。而且，他们还可以去跟同事打听我的情况，信任很容易建立起来。

一般来说，如果代理人和客户之间已经有较长时间的服务关系，会比较容易信任对方。另外，彼此之间是有同学、朋友、亲戚、同乡关系的，或者有朋友在中间搭桥介绍的，信任基础也会比较好。这几种关系，就是保险行业常说的缘故，也是代理人很重要的获客渠道。

在这个意义上，保险行业天然需要保险代理人作为中间人，来解决信息不对称和信用不传递两大难题，从而保证交易的正常进行。

保险代理人模式的演变

一提到保险起源，很多人可能首先会想到"海上保险"，但其实早在这之前，保险思想就已经存在了。比如在古代中国，占据主导地位的农业生产，经常受到水旱等自然灾害的影响，赈济由此就成为历代统治者都必须考虑的重大社会问题，各种仓储制度应运而生。各级后备仓储从周朝起就有了，但成体系的仓储制度直到战国以后才逐步形成，汉代增设备荒赈济的"常平仓"，隋朝增设"义仓"（即为防备荒年而设置的公益粮仓）……仓存的实物，基本上都是庶民缴纳的粮食。这里说的仓储制度，其实就是保险在古代中国的雏形。[①]

世界上最早的正式保单，诞生于 1347 年 10 月 23 日。当时，意大利商船"圣·科勒拉"号要从热那亚运送一批贵重的货物到马乔卡。这段航程虽然距离不远但极度危险，船长既怕亏本，但又不愿意失去这一笔大买卖，为此非常为难。于是，他找到意大利商人乔治·勒克维伦，说明情况后，双方约定：船长先存一些钱在乔治那里，如果 6 个月内船顺利抵达马乔卡，那么这笔钱就归乔治所有，否则乔治将承担船上货物的损失。这张纸质协议在今天看来就是一份真正的保险，也被当作现代商业保险的起源。

但这时候，保险代理人还没有出现。因为在以"海上保险"为主的阶段，保险这一产品的受众是极其有限的，也没有形成市场规模，连保险公司都还没出现。那些需要保险的人，一般会主动找到个人承保人，双方直接或在经纪人的帮助下签订合同。17世纪的劳埃德咖啡馆，因其开在伦敦泰晤士河畔，临近一些和航海有关的机构，包括海关、海军部、港务局等，就吸引了很多海上保险的个人承保人和经纪人以此作为经营保险业务的中心。

也就是说，这一阶段，社会才开始接触保险，还没有形成普遍需求，人们对保险代理人的必要性自然也认识不够。经纪人，勉强可以看作是保险代理人的雏形。

① 《中国保险史》编审委员会：《中国保险史》，中国金融出版社1998年版，第3页。

那后来是什么契机促成了保险代理人模式的出现呢？保险公司诞生后，慢慢衍生出了两大需求。首先，是新公司、小公司想打破垄断，谋求市场占比。以 18 世纪末的英国市场为例，当时的公平人寿保险公司（The Equitable Life Assurance Society）给客户的回报很高，因此很快就在伦敦保险市场占据了垄断地位。1792 年，威斯敏斯特寿险公司（The Westminster Society）为避开公平人寿，选择了伦敦周边的郊区市场。但是这家保险公司的办公地点在伦敦市区，郊区的客户不太可能到市区来投保，公司也不想派公司员工去郊区展业[①]，毕竟来来回回的成本很高。于是，威斯敏斯特寿险公司决定在伦敦郊区招聘兼职代理人来展业。

所谓兼职，是说这些代理人都有各自的主业，但同时会帮威斯敏斯特做一些客户主动上门的保险业务。所以他们的销售模式并不是主动销售，更像是替保险公司完成核保。这之后，一些英国寿险公司开始雇佣专职的代理巡视员，开启主动销售模式。这些巡视员是公司领薪雇员，会接受系统的保险产品培训和保险销售培训，能为客户和兼职代理人提供专业建议，带着兼职代理人一起或者自己去拜访客户，劝说客户购买保险。慢慢地，代理巡视员就替代了兼职代理人的工作，成了专职代理人。

促成保险代理人模式出现的第二大需求，是所有保险公司都希望获得更多资本的支持。1840 年，美国引入英国发明的相互制保险制度，成立了大量的相互制寿险公司。这种公司是由具有相

---

① 保险展业，即保险的销售活动，包括拓展保险市场和推销保险业务。

同保险需求的人员组成，每个成员既是投保人和被保险人，同时又是承保人。只要缴纳保险费，就可以成为公司成员，所有成员相互承担风险责任，所以被称为"相互制"。

这种公司与股份制寿险公司不同，它们缺少足够的资本，唯一的资金来源就是保费收入。于是，为了让保费收入来得更多更快，从而覆盖公司的各种开支，相互制保险公司开始招募大量的保险代理人。它们要的不是那些在主业之外顺带卖保险的兼职者，而是那些将所有精力都投入到保险销售上、靠此养家糊口的专职代理人。与之前任何保险销售方式相比，这些代理人的销售都是非常激进的，要劝说和鼓动各种潜在客户购买保险。也正是依靠这种较为激进的代理人模式，美国早期的相互制保险公司在短期内都取得了不错的成绩，并逐步抢占股份制寿险公司的市场份额，促使对方也开始采用代理人模式。

几乎所有国家在确定保险代理人模式的初期，都会经历这样一个以销售为导向的阶段，主要特征是从业人数激增、从业者素质偏低[1]以及销售方式激进，这一阶段的代理人我们称之为保险销售员。

以日本为例。二战后初期，日本雇用了很多寡妇作为兼职销售员。随着经济的快速发展，寿险公司急于拓展市场，而监管层在产品设计上的诸多严格管制措施，使得各大寿险公司很难依靠

---

[1] 任何保险市场在其启蒙阶段，由于仅仅需要从业者提供保险科普服务，所以普遍对从业者素质要求不高。

产品设计上的差异化来提高自己的竞争力。因此，当时的行业制定了新的激励措施——比例佣金制（即销售员按成交业绩提取佣金），来推动销售员队伍迅速扩张。同时，得益于电饭锅、洗衣机等家电的普及，一大批主妇从家务中解放出来，加入寿险销售队伍中，甚至成为其最主要的组成部分。1950—1965 年间，日本寿险销售员数量增长了约 13.5 倍，共计 27 万人，这使得日本保费收入的增速在此阶段始终居于高位，行业保费收入的复合增速在此阶段高于 20%。[①]

但同时，日本的这种激励措施，进一步激化了以销售为导向的保险销售模式的弊端。有的保险销售员为了赚取高佣金，会故意忽视核保、忽视保单生效后的后续服务以及理赔。甚至，有的在销售时会过于依靠人际关系、大打情感牌，由此获得的保单并不是出于消费者的实际需求，更多是因为对方碍于人际关系不好意思拒绝销售员。这样的销售模式，使得该阶段业务的投诉率极高，行业信用也因此有所损坏，许多业务的存续期[②]甚至短于两年。

而且，仅依靠佣金建立起来的雇佣关系，并不能保证员工对公司的忠诚度。如果不能完成公司规定的销售额，为了避免遭受惩罚，销售员们通常会考虑辞职。这就使得这一阶段日本保险销

---

① 数据来源：信璞投资，《日本保险业研究报告》。

② 保险存续期，即保单的有效保障时间，通常情况下，与保险期限（保单所提供的保障期限）一致。但如果出现投保人退保、被保险人违约等情况，保单的有效保障会立即终止，从而导致保单存续期与保险期限不一致。比如，30年保险期限的人寿保单，投保人如果在第10年退保，那这份保单的存续期就只有10年。

售员的流动性和脱落率 [1] 变得很高：20 世纪 60 年代末，日本保险销售员平均每年新注册人数约 44 万人，退职解约人数则高达 45 万人，以年末在册的营销员人数为基础，可以估算出彼时的脱落率高达 80%。这个水平的脱落率，对保险市场来说是很可怕的。

再加上，从长期来看，以主妇为主要组成部分的销售员队伍也不利于行业发展。因为对她们来说，保险销售只是一份兼职，随时可以辞职离开回归家庭，或是跳槽去其他领域。于是，从 1965 起，日本开始探索引导保险销售员向保险顾问的转型之路，对保险销售员制度进行全面改革，希望精简队伍，提高从业者的忠诚度及专业水平。

最主要的措施有三个：第一，统一资格认证考试制度，强制代理人学习寿险相关知识、法律法规、税收制度、企业分析等基础知识；第二，实施代理人底薪制，吸引和稳定销售队伍；第三，监管部门要求各寿险公司尽快制定出关于展业体制的三年规划、代理人教育培训方案，以及续保率改善计划。这些措施使得日本销售员制度，从不规范、门槛低的兼职模式升级为了具备一定专业水准的专职模式，客户对保险行业的满意度，也因此获得大幅提升。

紧接着，20 世纪 90 年代，泡沫经济破灭，保险行业破产潮来袭，日本各寿险公司进一步清虚，提高代理人素质。比如，完善培训教育体系，设置一般课程、专业课程、应用课程、寿险大学课程，来培养不同级别的保险顾问，提高从业者的专业性。同

---

[1] 脱落率是指某一时期内，离职的从业者占总从业者数量的比重。

时，优化激励机制，各寿险公司提高代理人收入保障程度，并提供多种后援服务等等。这些改革措施，进一步提升了客户满意度，比如"日本生命保险公司"的客户满意度就从 2007 年的 77.9% 提升到了 2009 年的 83.7%。[①]

出于保险行业自身良性发展的考虑，同时也是为了满足伴随社会发展而日趋个性化的客户个性化需求，保险代理人模式会逐步从"以销售为导向的保险销售员"向"以客户需求为导向的保险顾问"转变。代理人模式在保险顾问阶段的主要特征，是代理人会站在中立立场，依托自身经验与资源，为客户提供专业的、专属的投资顾问服务，而不单单是保险服务。

当然，这一转型并不意味着保险销售员会立马消失，而是会跟保险顾问共存相当长一段时间。不过，随着保险顾问队伍的壮大，以及社会经济及科技的发展，保险销售员的市场占比会越来越少，职业空间也会被大幅度挤压，成为可替代性极高的岗位，甚至最终会被保险科技彻底淘汰。

不同国家或地区的保险市场由于在发展历史、监管力度、经济环境上的情况都不尽相同，它们在以销售为导向的阶段所停留的时间也有长有短，有的将近一百来年，有的可能只有一二十年。但促成转变的关键节点是一样的，那就是该地区的保险人力密度达到 1% 分界值。关于这一点，我会在第二章介绍中国具体情况的时候为你详细讲解。

---

① 数据来源：信达证券，《非银行金融行业：代理人渠道路向何方》。

02

成为保险顾问，
势在必行

　　1980 年，中国保险业 [①] 恢复发展，从零开始，同年全国保费收入仅 4.6 亿元（世界总保费为 4663.01 亿美元 [②]），保险密度 0.47 元 / 人（世界平均保险密度为 103 元 / 人），保险深度 0.10%（世界平均保险深度 4.2%），占世界总保费份额不足 0.1%。[③] 1992 年，友邦保险公司（下文简称"友邦"）引入保险销售员制度，开启了中国保险的代理人时代。2016 年，全国保费收入高达 3.1 万亿元，首次超过日本成为世界第二大保险市场。

　　一般来说，保险市场发展到成熟状态，往往需要较长的周期，得大几十年甚至上百年，但我国只用了不到 40 年的时间，靠的主要是人海战术。只是这一招在当下已经不好使了，或者说保险销售员这一制度的任务已经完成了，接下来，我们可以、同时也必须进行转型——从保险销售员时代进入保险顾问时代。

---

① 因为历史原因，中国大陆的保险行业发展与中国港澳台地区的保险行业有所区别，本书凡提及国内保险市场，均特指大陆市场。
② 1980年的汇率为1.49元/美元，4663.01亿美元约为人民币6900多亿元。
③ 数据来源：《1981—1997中国保险年鉴》及《2017中国保险公司竞争力评价研究报告》。

行业发展需要保险顾问

行业内部对保险顾问的需求，主要源于两方面：保证产能增速、实现业务增长模式的转型，以及扭转保险行业负面形象。

人海战术——人均产能

1% 分界值

保险市场上存在一个数值叫"1% 分界值"，什么意思呢？按照成熟市场的经验，当保险代理人与城镇人口的比例接近 1% 时，意味着保险行业的人口红利结束，原来依靠人力规模增长推动保费增长的业务模式必将伴随人力增速放缓而寻求变革。

2018 年广发证券发布的保险营销渠道专题报告《保险代理人：量质齐升，渠道为王》显示，美国的保险从业者在城镇人口中的占比基本上趋向稳定，截至 2016 年年底，从业者占城镇人口比例稳定在 1% 左右，日本的保险从业者密度也在逐渐接近美国。而我国自 2014 年以来，保险人力密度快速增长，逐渐靠拢发达国家保险市场，截至 2018 年年末，全国保险从业者约有 871 万人，占城镇人口比例突破 1%，接近美国和日本，高达 1.05%。

为什么会有这个分界值呢？从业者越来越多，对行业来说难道不是件好事吗？一般来说是这样的，但在经济领域，人多很多时候并不见得是件好事。比如很多企业或者行业都存在冗员但同时又缺员的情况，冗的是不符合当下岗位需求的员工，缺的是有用的人才。

行业发展也是如此。每个行业的消费者市场就这么大，在发展初期，当然可以依靠大量投入人力来实现行业的快速发展。但在其他要素不变的情况下，从业者一旦超过最佳人员规模，增速就会开始减慢，甚至会反过来阻碍行业发展。

具体到保险行业，它的最佳人员规模就是上文说的从业者占城镇人口的 1%。我国早在 2018 年就达到了，基本上跟国内保险市场的成熟是同步的，只用了 38 年，比美国、日本用的时间都少。从 1808 年第一批保险代理人（仅 40 人）被派往全国各地经营业务，到 1982 年专属代理人数量达到顶峰、独立代理人模式出现，美国用了 174 年。日本的保险市场发展比美国晚，到 1881 年明治生命保险公司创立，日本的商业保险才正式起步，85 年后，也就是到 1966 年，日本代理人模式结束 13.5 倍的高增长，开始进入"精英化"时代。

我国之所以这么快就达到了 1% 这个值，主要是因为中国的人口优势。行业初期，各大保险公司为了实现业务的快速发展，纷纷降低了保险销售员的职业门槛，吸纳了大批劳动力。发展快当然是好事，但同时也带来了新的挑战：随着经济的持续增长以及居民收入的不断增加，行业从过去的供需不足变为现在的供需不匹配，需求是指客户的保险需求，供给则是保险产品和保险代理人的供给。

2019 年，瑞士再保险瑞再研究院（Swiss Re Institute）做出预测：中国将在未来 10 年至 15 年内成为全球最大的保险市场。这意味着不但客户的需求会爆发，客户需求也会逐渐呈现出个性化、特殊化、高端化的趋势。但纵观当下的保险市场，供应端的保险产品和保险代理人并没有及时跟上，大部分代理人都还处于人力推销的状态，专业度远远不够。

供需不匹配的问题如果得不到解决，客户可能就会去其他成熟市场购买保险，比如美国、日本等，这会极大影响国内保险市场的发展，导致保费增速下降。也就是说，如果在达到最佳人员规模后，还继续采用人海战术，行业不但不能实现快速且高质量的发展，甚至还有可能反过来损坏前期累积的成果。

那应该怎么做呢？目前行业的共识是：加强队伍的专业培训，维护绩优人力，通过产能的提升来弥补人力数量下降所带来的保费增速问题。

在保险行业内部，能影响保费增速的因素有两个，一是产能增速，二是代理人数量增速。它们与保费增速之间有个判定公式：FYP 增速 = 人均 FYP 增速 + 代理人数量增速 + 人均 FYP 增速 × 代理人数量增速。FYP 是 First Year Premium 的缩写，指的是保险从业者销售保险产品或从事保险经纪业务所获得的产品或业务的第一年保费。而人均 FYP，就是我们常说的人均产能。

人均 FYP 代表着一家保险公司或者一位代理人手中的客户层次，可以间接反映出该公司或该代理人的专业素质。人均 FYP 高，说明该公司或该代理人服务的客户层次偏高，同时该公司或该代理人自身的专业素质和业务能力也比较强。

一般来说，当人均产能增速大于代理人数量增速时，代理人业务增长模式主要是产能推动型，反之则是人力推动型。人力推动型更适合未达到 1% 分界值的市场，如果超过了 1% 的分界值，就得向产能推动型转型。美国、日本等地都经历过这样的过程。

如何转型

怎么转呢？最有效的方法是让代理人的增量为零，不再增加人力总量，同时对保险代理人存量进行升级换代，提高从业者素质，走精英化、专业化的路子。也就是逐步减少保险销售员的人数，增加保险顾问的比重，从保险销售员时代进入保险顾问时代。第一章最后提到的日本保险销售员制度的改革，就是一个典型的成功案例。

具体来说，包括提高进入门槛、加大培训管理的力度等措施，这也是国内保险公司目前在尝试的转型方向。

提高招聘门槛，提高代理人综合素质。从上市保险公司的布局来看，中国平安人寿保险股份有限公司（下文简称"平安人寿"）从 2013 年开始实施优才计划，到 2019 年 7 月，该计划已覆盖 45 个城市，招聘学历在大专或本科以上、具有经营意识和管理潜能的优秀人才；中国太平洋人寿保险股份有限公司（下文简称"太平洋寿险"）制定了面向高净值人群的顶尖绩优队伍的战略，同时，在培育 90 后新生代队伍，比如在招募人才时，会规定学历门槛（大专、本科及以上），对既往工作经验和收入 ① 也有所要求；中国人寿保险股份有限公司（下文简称"国寿"）则致力于打造高起点、高素质、高绩效团队；新华人寿保险股份有限公司（下文简称"新华"）以晋升文化为抓手，推进高产能、高留存、高素质队伍建设。

加强培训管理，提高团队综合能力。平安人寿为代理人提供清晰的职业生涯发展体系、全方位的培训支持，同时基于综合金融平台，培养交叉销售能力；太平洋寿险对队伍分层、分类进行培训管理，主动淘汰不达标的代理人，并通过场景化演练等针对性培训支持代理人展业；国寿深化客户经营，推出综合金融培训课程体系，完善代理团队经营；新华则强调新人及销售主管两条生产线并行培训发展，并针对绩优人力推出卓越 5000 计划，专注主管层面的经理人培训，多层次壮大销售队伍。

从近几年的这些尝试来看，效果很不错。比如平安人寿此前推出优才计划之后，北京亮马桥营业区就出现了一些本科率在70% 以上、硕士率在 20% 以上的销售团队，专业好，绩效也很不错，还延伸了中国平安保险（集团）股份有限公司（下文简称"平安"）的综合金融战略——除了提供保险服务，还能为客户提供金融服务，为客户推荐平安理财、平安信托等。

---

① 前一份工作的收入水平，在一定程度上反映了该应聘者目前已获得的社会资源和社会地位，可以借此判断其进入保险行业后的客户层次，因此被一些公司作为招聘的重要考核标准之一。

销售形态新趋势

随着门槛的提高和培训的加强，保险从业者的专业度越来越高，所对应的客户市场也越来越精准，保险的销售形态也随之呈现出了新趋势：人力密集型的销售团队将逐渐消失，新的蜂巢型组织模式、事务所模式和特种兵模式将成为主流。这是我根据目前销售市场的变化和成熟市场的经验做出的预测。

蜂巢型组织模式是由多个个体组成的平台，个体之间既相互独立又相互协作，它们的联盟基于战略目标的一致性和利益的趋同性。这种组织形态跟现代化企业很像，团队管理者负责运筹帷幄，制定团队战略和目标，团队成员可以发挥各自的优势，分工协作。比如，有的负责客户经营，有的负责营销，有的侧重售后的客户服务等，非常灵活，很适合互联网下的市场发展。目前，已经有多家保险公司在组建销售员团队时采用了蜂巢型组织模式，比如太平人寿保险有限公司（下文简称"太平人寿"）、中信保诚人寿保险有限公司（下文简称"中信保诚"）、平安人寿等。

以太平人寿北京分公司为例，一般来说，新员工入职后会接受统一的培训。如果在这个过程中，公司发现小 A 擅长获客，小B 擅长对接需求，小 C 擅长促成保单，那就可以将他们组成一个团队，因为他们的优势不重合，相互之间不存在竞争，但同时他们的目标却是一致的——促成更多保单成交、获得收益。但要是单兵作战，由于技能点不平均，他们很难处理好保单成交每个阶段的事情，成交效率会比合作低。也就是说，通过分工协作，蜂巢型组织模式可以极大地提高整个团队的工作效率，从而提高人均产能。

既然每个成员只需要深耕一个方向，那想要最大限度地发挥团队优势，就得把每个方向都做到极致。也就是说，团队里的每个人必须是各自所擅长领域里的高手。

第二种模式是事务所模式，类似于合伙人制度，即由专业能力很强的成员所形成的资源共享型团队。跟蜂巢型组织模式不同，事务所模式的每位成员是各自为政的，在完成交易的时候并不需要跟他人合作，而是独立完成。而事务所模式里的管理者，负责打造公共资源，比如培训资源、营销资源、客户资源等。充足且优质的资源，加上团队成员的专业能力，可以大幅度提高工作效率，推动人均产能的提升。

目前也有多家保险公司在采用这种模式，比如中信保诚、平安人寿等。以中信保诚为例，当某个销售团队达到一定的人力规模和业绩规模，同时团队本身也具备独立运营的能力时，团队的领导者就可以向公司申请成为 GA（General Agency）团队 ①，公司会根据一定比例把该团队价值保费的一部分返回给团队作为经营费用。这意味着团队既可以享受到公司提供的一些服务，也具备一定的自由性和自主性。

这种模式主要服务中高端客户，所以需要团队成员具备全面且高水准的专业能力。比如中信保诚首席行政总监唐洁（中信保

---

① 即自主经营的团队模式。

诚组建 GA 模式的先行者）所带领的团队，其中的成员很多都是常年在海外生活或者有外企工作经验的人，有的甚至可以用十种以上的语言来为客户讲述金融保险知识。

如果某位代理人的能力既全面又突出，完全可以单兵作战的话，可以尝试第三种模式——特种兵模式，也叫独立代理人。这一模式主要有四个特征。

第一，综合且独立。现在的保险代理人多依托于就职的保险公司，只能销售本公司的产品，收入来源是由组织赋予的，但独立代理人可以综合代理多家保险公司的保险业务，不具体依附于某一家保险公司。这意味着独立代理人需要依法自主经营、自负盈亏，和保险公司的关系类似于代理商和供应商。

第二，客户导向性。现在常见的保险销售员多以产品为导向，主要工作在于给客户推荐产品、促进成交、赚取佣金。但独立代理人要帮助客户评估风险，定制投保方案，选择产品和保险公司，维护客户的合法权益，所有环节都是以客户为导向的。

第三，专业性。大多数传统销售员并不把保险销售作为自己的终身职业，有的是只把这份工作当作跳板，一旦有更好的选择，就会立马转行；有的是看到了行业的高流动性，清楚自己随时可能会因为销售业绩不好被淘汰，那自然不会对这个行业有"忠诚度"。但独立代理人不一样，他们把保险规划视为自己一生的追求，会制定长远的职业规划，不断提升自己的职业素养。所以，独立代理人会不断增强自己的专业能力来赢得消费者的信任，而传统代理人则大多依靠各种社会关系来开展业务。

第四，服务延展性。除了保险业务，独立代理人还会将业务延展到投资理财、家庭教育、健康管理等生活顾问服务领域，而传统销售员一般只销售保险产品。

因此，要成为一名独立代理人并不容易。但高要求同时也会带来高收益，一方面，独立代理人既然是单兵作战，那他们就不需要分散精力去处理团队事务，可以将个人效益发挥到最大，更精准地服务客户；另一方面，独立代理人不依附公司，所有收入都归自己所有，不用和管理者分佣金。比如在美国，独立代理人占据了高达49%的保险市场份额，他们的收入有多高，可想而知。

国内现在也开始试水这一新模式。2020年11月23日，银保监会正式印发《保险代理人监管规定》，首次提出"个人保险代理人"概念，大家保险集团旗下的大家人寿作为首家启动独立代理人模式的寿险公司，已经开始布局。

不管是哪一种模式，都意味着想在未来的保险行业占据一席之地并长期发展下去，从业者必须把保险顾问作为自己的职业发展目标。

扭转保险行业的负面形象

在竞争时代，说起企业形象，大家都知道它的重要性，企业形象的好坏直接影响着企业的发展。但对于行业形象，似乎关心的人很少。一来，这离自己的实际工作比较远；二来，远水解不了近渴，自己做点什么似乎对行业形象影响并不大。但事实上，从业者与行业是荣辱与共的关系，一个好的行业形象对从业者的业务开展有直接的帮助，可以提高客户对代理人的信任度，降低沟通成本和成交难度，增加交易量，等等。同时，行业形象好，也会增加从业者的职业自豪感，从而让人坚定地扎根在保险行业。所以，从业者应该自觉把自身命运同行业命运联系起来。

而对行业本身来说，塑造一个好的形象也很重要。一，可以使行业得到社会公众的广泛支持，让社会对行业产生信任感，这是行业各项工作得以顺利进行的重要基础；二，更便于行业调动社会资源，比如资金、人力等，从而增强行业的发展能力；三，有利于行业广招贤才，比如教育行业就凭借其良好的形象，吸纳了一大批优质人才。

但可惜，保险在中国的名声并不好。那保险被诟病的点是什么呢？主要有三个：保险行业是传销、保险业务员杀熟，以及保险产品理赔难。

为什么有些人会认为保险行业是传销呢？我认为，这跟获取收益的方式有关。传销主要有两种获利方式，一种是以买产品获利，注意是买而不是卖（销售）。一般来说，传销人员前期必须要自己先买下一定数量的商品，才能获得进入行业、发展下线的资格。然后，他们就可以把之前买的商品加价卖出去，以获取收益。另一种获利方式是靠拉人头：传销人员自己手头并没有任何产品，单纯通过发展人员、组织地下活动赚钱，属于空手套白狼。他们会不断给发展来的新人洗脑，从新人那收取费用，然后再让新人拉各自的亲朋好友加入。如此循环往复，只靠增加新成员就能完成业绩增长。这两种方式虽然具体操作上有差别，但归根结底，人头都是关键。

至于保险，它获取收益的方式主要是销售保险产品并提供后续服务。但此前二十多年，保险行业的从业者大多都是保险销售员，他们专业水平不高、流动性也很大，有些为了赚快钱、获得佣金，卖完产品就不管了，并不为自己的客户提供后续的服务。同时，也存在"拉人头牟利"的现象，有的公司为了拉动业绩，就鼓励销售员：每为保险公司招到一位员工，就奖励他一笔不菲的佣金。为了获得更多的佣金，不少从业者致力于将身边的亲戚朋友都引入保险行业。

这么一比较，很明显，"人头"对传销人员跟保险销售员来说都非常重要，甚至构成了他们的主要收入来源。这自然很容易让大家误以为"保险行业是传销"。

这里，我顺带给你分享一个判断传销和保险销售的小技巧：去看同一个产品，不同人卖的价格是不是一样的。如果买的是保险产品，无论找总监、经理，还是找刚入行的新人，他们卖的价格肯定都是一样的；但如果买的是传销商品，那找的人不一样，花的钱就不一样了。因为传销组织里不同层级的人，从上线那里进货的成本是不一样的，那他们卖出的价格自然也就不一样。

保险被诟病的第二点是，保险业务员喜欢杀熟。很多人对杀熟印象很不好，觉得这是一种自私自利的行为：利用熟人对自己的信任来谋取利益。如果追溯一下来源，杀熟其实是由"熟人经济"延伸出来的。熟人经济指的是，在交易市场中熟人之间发生的经济交易。这在经济学领域其实是一个正面概念，不带任何贬义色彩。因为熟人是一个可以极快建立信任感的圈子，同时这种信任感有极快的传递优势。而在商业活动中，有了信任度，才会有长期而稳定的客户，从而降低机会成本的投入。有时候还会因为是熟人，获得价格或者是产品上的好处。

比如投资圈就很盛行熟人经济，所有投资人都希望自己手里的项目没有风险并能获得可靠的收益，但现实总是无情地击碎这种美好想法。于是，向熟人"下手"成了无限接近这种美好愿望的手段。天使投资人周哲曾经说过，他投资的项目一般都是朋友介绍的，信任比商业计划书重要千倍。

所以，和熟人做交易本身并没有问题。事实上，几乎所有带销售性质的行业都存在熟人经济，保险行业也不例外。如果保险从业者是把好产品卖给有需要的熟人，这并不是一件不光彩或不应该的事情。当然，任何事物都有两面性，如果交易一方利用熟人或者以熟人为介绍人进行交易，却故意隐瞒信息，或者销售劣质产品，就属于大众认知的杀熟了。这种情况，每个行业或多或少都存在一些，很难完全避免。

我国的保险行业之所以会给大众留下杀熟的印象，是因为此前二十多年，大家接触的保险从业者基本都属于保险销售员。而保险销售员的准入门槛不高，整体素质相对偏低，从业初期很可能存在专业能力不够，对产品和客户需求都不太了解的情况。但他们同时又面临着收入压力，为了促成业绩，可能会给熟人力推并不适合的产品，甚至把产品强行卖给熟人。

再加上行业的淘汰率较高，部分从业者在熟人市场开发完成后，会选择退出保险行业。这样一来，哪怕之前销售的时候并没有强迫亲戚朋友，而是用心进行了服务，别人也会有所怀疑，担心自己是不是被杀熟了。同时，淘汰率高还意味着不断会有新的销售员进入保险行业，那么，新人在从业初期可能出现的强卖、错卖现象，只会越来越多。而这些，都会导致保险行业给大众留下杀熟的印象。

保险被诟病的最后一点，是保险理赔难。一般来说，保险理赔不顺利的原因有三种。第一种是在买保险时就规划错了，消费者不知道所买的保险到底管什么，对保险产品认识模糊，认为买了保险就啥都管。那么，不在保障范围内或者触发免责条款的，自然得不到理赔。但对这类消费者来说，他们会觉得这是保险公司在故意刁难他们。

第二种原因跟消费者有关。如果消费者为了成功买上保险，故意隐瞒了重要信息，没有如实告知相关情况，也会导致理赔不顺利。最后一种原因是，申请理赔时，保险代理人没有起到协助作用，比如没有帮客户收集所需的理赔资料等，也会增加理赔的难度跟时长。

如果以上三种情况都没发生，理赔其实一点都不难。根据银保监会公布的数据，2019 年保险赔付总支出近 1.29 万亿元，同比增长 4.85%。其中，财产险赔付 6502 亿元，同比增长 10.26%；人身险赔付支出 6392 亿元，同比降低 0.14%。而从赔付率来看，各家人寿保险公司的赔付率基本都不低于 97%，甚至有多家在 99% 以上（见表 2-1）。在时效上，绝大多数保险公司只需要一天左右的时间，就可以完成理赔的所有流程。

表2-1　保险公司赔付率

序号	保险公司	2019 年度理赔总额	理赔时效	获赔率
1	中国人寿	470 亿	0.56 天	99.40%
2	平安人寿	338 亿	/	/
3	太平洋寿险	150 亿	0.21 天（小额件）	99.98%（小额件）
4	新华	111 亿	0.58 天	/
5	太平人寿	77.6 亿	/	99%（小额件）
6	人保寿险	70 亿	2.17 天	/
7	泰康人寿	40 余亿	0.26 天（小额件）	99.53%（小额件）
8	华夏人寿	38.9 亿	1.4 天	97.71%
9	富德生命人寿	23.67 亿	1.7 天 小额 0.35 天	98.55%
10	天安人寿	15.3 亿	1.5 天	99%

续表

序号	保险公司	2019 年度理赔总额	理赔时效	获赔率
11	前海人寿	5.5 亿	1.32 天	97%
12	百年人寿	6.57 亿	/	/
13	阳光人寿	24.01 亿	0.41 天（小额件）	98.97%
14	国华人寿	3.27 亿	/	/
15	工银安盛	12.23 亿	/	94%（小额件）
16	恒大人寿	4.76 亿	1.49 天	99.70%
17	君康人寿	/	1.3 天	92.89%
18	建信人寿	15.84 亿	2.03 天	99.17%
19	中意人寿	4.5 亿	1.42 天	/
20	中美联泰大都会人寿	6.2 亿	1.6 天	/
21	民生人寿	7.2 亿	1.6 天	99%
22	利安人寿	2.49 亿	2.2 天	三日结案率 97.34%
23	光大永明人寿	5 亿	/	/
24	弘康人寿	4591.2 万	0.411 天	/
25	中宏人寿	3.84 亿	/	97%
26	信泰保险	1.64 亿	1.53 天	99.6%（小额件）
27	长城人寿	2.36 亿	/	/
28	英大人寿	46.69 亿	1.13 天	/
29	华泰人寿	2.7 亿	/	/
30	中德安联人寿	2.57 亿	1.94 天	五日结案率 99.11%
31	渤海人寿	7617 万	/	/
32	珠江人寿	1.2 亿	/	98.77%

续表

序号	保险公司	2019 年度理赔总额	理赔时效	获赔率
33	同方全球人寿	2.88 亿	0.65 天	98.84%
34	中银三星人寿	1.12 亿	0.6 天	98.23%
35	吉祥人寿	1.19 亿	1.42 天	/
36	横琴人寿	/	1.35 天	/
37	陆家嘴国泰人寿	2.29 亿	1.66 天	/
38	长生人寿	/	0.4 天	98.78%
39	北大方正人寿	9057 万	1.98 天	98.40%
40	昆仑健康	1.03 亿	2.9 天	/
41	东吴人寿	1.3 亿	1.02 天	99%
42	国联人寿	4834 万	7.2 小时（小额件）	/
43	中华人寿	7729.98 万	1.14 天	97.63%
44	复星保德信	3912.84 万	1.05 天	/
45	华贵人寿	3574.92 万	/	98.36%
46	中韩人寿	3360 万	/	98.60%
47	瑞泰人寿	2100 万	/	/
48	信美相互	2.73 亿	/	/
49	北京人寿	1.17 亿	1.56 天	100%
50	国宝人寿	543.44 万	1.4 天	99.57%

数据来源：各家保险公司理赔年报。

从这些数据来看，我们很难说理赔难是常态。那是什么原因导致大众普遍都认为理赔难呢？我认为，保险销售员需要负一部分责任。比如在售前环节，有些专业素质不高的保险销售员在为客户制定保险方案时做得不到位，或者是没有把保险责任说清楚，从而导致客户在理赔时出现纠纷。当然，除此之外，还有其他的原因，比如电视台或纸媒遇到这样的新闻常常会大肆报道，毕竟这样的社会新闻很有关注度，这也容易给大众错觉，让大众觉得理赔难是很常见的事。

可见，导致中国保险行业形象不佳的这三大原因，都跟保险销售员有关。那么，行业想改善自身形象，获得持续发展，自然会从销售员入手，鼓励甚至督促销售员提高专业素质，转型为保险顾问，扭转社会大众对保险行业形象的认知。而这也会给从业者自身带来实实在在的好处，帮助他们开展业务、赚取更多收入，同时从业者也能因此更受到社会的认可，从而更愿意在保险行业继续发展下去。

外部环境对保险顾问的需求

外部环境倒逼从业者转型、升级主要体现在四个维度：社会意识、经济环境、保险科技以及行业监管。

社会意识：个险专业时代来临

社会民众的保险意识对保险公司而言是一种重要的资源，提高民众的保险意识是保险行业存在和发展的基础。倘若民众保险意识匮乏，缺乏保险知识，对保险不了解或了解不深，将会直接影响民众对保险产品的需求。而投保数量越少，意味着市场中几乎没有保险需求或者需求没有得到满足，无论哪种情况，对保险行业来说都不是件好事，都会限制行业发展。

我国 1980 年刚恢复保险业的时候，大众对保险几乎没有任何了解。当时的保险公司招募了很多保险宣传员，通过他们来向客户普及保险知识。宣传员的工作更多偏向体力劳动，并不需要进行系统的专业学习，只要把保险公司培训的话术背下来，再传达给客户就好。等友邦引进保险销售员制度后，销售员就代替宣传员承担了保险普及的工作。

那他们的工作完成得怎么样呢？投保率（全国有效保单件数 / 人口总数），或者说人均保单数量，是我们衡量保险普及程度的重要指标。当人均保单数量达到 1 张以上，基本可以说明该地区的启蒙工作已经完成。2020 年 3 月 3 日，大家保险集团在北京发布《2020 中国家庭保险需求调查报告》，报告显示：在已购买保险人群中，受访者家庭成员人均持有保单 1.17 张。这份报告的调查对象是已购买保险人群，得出的数据会比实际的人均保单数量要高一些。同年 12 月 16 日，在国务院政策吹风会上，时任银保监会副主席的黄洪先生提到，目前我国有 3 亿人购买长期人身险保单，被保险人接近 6 亿人，商业人身保险覆盖面达到 42.7%。根据这些数据，我们可以基本认定，中国保险的启蒙阶段已经结束。

当然，可能还存在个别地区普及还没到位的现象，同时随着新生人口的出现跟成长，会不断出现新的保险对象跟消费人群，针对这些"新人"的普及工作是不会结束的。但如今，保险普及工作已不再是保险代理人的主要职责了。

一方面，整个社会已具备基本保险意识，大多数人可以从父母以及亲朋那里了解到相关信息，对保险有个初步的认知。另一方面，保险宣传工作逐渐被国家政策、保险基础教育、互联网传播等取代。

政府对消费者进行普及性教育，让人们了解保险产品的价值和作用，以及如何使用保险产品，是很常见的。因为国家没法仅依靠税收来覆盖每位居民的风险保障，出于经济发展以及社会稳定的考虑，一般会采取多渠道保障。国家社保是一方面，在职期间企业提供的保障①是一方面，另外还需要依靠居民个人购买商业保险来完善保障。因此，国家自然会主动给大众普及保险知识，来帮助保险市场做大做强。比如，1977 年，韩国宣布当年为"保险年"，政府联合业界一起发力，在电视和报纸上大力宣传保险业。由于政府的重视，在接下来的 10 年里，占韩国保险业大头的寿险业的年增长率达到了 51%，大大高于其 GDP 的年均增长率21%。

而我国，从 1980 年恢复保险业务起，政府就开始了对保险的教育普及工作。当时的保险教育行业面临着保险专业人才严重匮乏的问题，全国懂保险业务的干部只有 300 多人。于是，中国人

---

① 即企业团体保险，比如企业为全部员工购买团体补充医疗保险等。

民保险公司委托中央财经大学开设国际保险专业，培养专业人才。之后，西南财经大学、辽宁大学、南开大学、武汉大学相继开设保险专业。由于初期的保险普及工作主要是为了解决当时保险行业专业人才匮乏的问题，因而基本以高校的专业教育为主，其他的保险普及和教育活动，比如中小学保险基础教育，开展得比较缓慢。

后来，随着人们生活水平的提高，保险产品开始逐渐走进大众的生活，但大众的保险知识仍然极为有限。于是，2006年，国务院和中国保险监督管理委员会（下文简称"保监会"）颁布《国务院关于保险业改革发展的若干意见》，明确提出："将保险教育纳入中小学课程，发挥新闻媒体的正面宣传和引导作用，普及保险知识，提高全民风险和保险意识。"同年底，《教育部、中国保险监督管理委员会关于加强学校保险教育有关工作的指导意见》，要求将保险教育纳入国民教育体系，增强全体学生的保险意识，在全国各级各类学校加强保险教育，普及保险知识。这不仅为保险业的持续健康发展准备了人才，还有利于提高社会的保险意识。

在开展教育普及工作的同时，行业监管部门和新闻媒体也加强了保险宣传工作。比如2013年，为了提高全社会的保险意识，保监会把每年的7月8日设为"全国保险公众宣传日"；同年，中央电视台黄金时段开始每天播放公益广告《保险，让生活更加美好》。2014年，国务院印发《关于加快发展现代保险服务业的若干意见》出台，除了在基础建设、推进保险改革开放、完善保险机制等方面提供政策支持，政府还提出要"发挥新闻媒体的正面宣传和引导作用，鼓励广播电视、平面媒体及互联网等开办专门的保险频道或节目栏目，在全社会形成学保险、懂保险、用保险的氛围。加强中小学、职业院校学生保险意识教育"，从而进一步提升社会保险意识。2016年，参加里约奥运会的中国男排队员们，身穿印有"保险让生活更美好"的战袍出战，打出国家级广告。这一系列宣传措施大大增强了大众对商业保险的认知程度，提高了公众保险意识，同时对商业保险的社会形象也起到了正面的宣传作用。

除了国家政策跟基础教育，保险普及工作在当下还有一个强有力的助手，那就是互联网。随着互联网的发展，信息的传播更为便捷、迅速，保险相关的信息能够通过互联网、微信朋友圈、电视节目等媒介迅速传播，并覆盖广大人民群众，引起广泛的社会关注。

比如，朋友圈中经常有人发布轻松筹、水滴筹等平台上为重大疾病患者募集善款的信息，这就会让广大群众意识到风险防范的重要性。再比如，2018年7月5日上映的电影《我不是药神》讲述的就是癌症治疗相关的故事，各家保险公司纷纷包场，邀请客户及准客户观影，掀起了一场重疾险产品购买的热潮。就此产生的效果，甚至超越了正规的保险知识教育所能达到的上限，带来了保险知识普及的一个质的飞跃。

所以，现在的保险行业已经不需要保险代理人再承担宣传工作了。而大众对保险的了解，也使得他们更愿意接触并购买保险产品。再加上随着社会的发展，百姓收入不断增加，又进一步刺激了大众保险购买的积极性。

保险和吃饭穿衣不一样，它并不是生活的刚需，消费者主动购买保险的前提是自己的可支配收入达到一定水平。根据《中国统计年鉴2019》可知，我国人均可支配收入是在逐年增长的，而且中间收入户以上的居民收入增长幅度比较大（见表2-2）。这个变化就使得消费者对保险的需求增大，并逐渐转向重视和追求服务性消费。

表2-2　2013—2018年全国居民按收入五等份分组的人均可支配收入情况

单位：元

组别	2013	2014	2015	2016	2017	2018
低收入户（20%）	4402.4	4747.3	5221.2	5528.7	5958.4	6440.5
中间偏下户（20%）	9653.7	10887.4	11894.0	12898.9	13842.8	14360.5
中间收入户（20%）	15698.0	17631.0	19320.1	20924.4	22495.3	23188.9
中间偏上户（20%）	24361.2	26937.4	29437.6	31990.4	34546.8	36471.4
高收入户（20%）	47456.6	50968.0	54543.5	59259.5	64934.0	70639.5

既然保险用户已经得到了启蒙，再加上互联网的普及，民众掌握的保险信息越来越多，同时大家也有钱了，更有意愿去主动了解跟购买保险产品，那是不是意味着保险代理人的工作变得更轻松、更简单了呢？并不是。

随着人均收入的增加，中高端保险客户越来越多，保险市场开始逐渐分化为低端市场和中高端市场两类：前者主要针对价格敏感型客户，主打低价格和高性价比，多以短期、条款简单的产品为主；而中高端市场则主打专业规划和服务体验，以长期保障型产品或其他复杂且单价高的保险产品为主。

这有点像消费分级，一方面，越来越多的人追求精品，愿意为建立在产品本身价值之上的服务买单；另一方面，较低收入者会追求低价产品和高性价比产品。针对不同的消费对象，公司自然需要在销售渠道和平台上做出区分，但这两个市场本身并没有高低之分，只是消费分级和销售渠道的划分。

以电商平台为例，不同特色的电商，依靠各自的品牌调性及价值优势，牢牢把控着各自的目标受众。比如，拼多多能依靠三四线城市成为新的黑马，就是因为它抓住了被淘宝、京东过滤掉的价格敏感型人群。而淘宝当下主打的是特色卖家，也就是根据消费者的需求来打造大大小小、形态各异的特色卖场，比如近年来很火热的淘宝造物节等。这些策划力推的产品要么是全球顶尖的高科技，要么是有明星网红效应的新产品，要么是精灵古怪的原创商品，针对的是看重产品性能、创意与质量的消费群。

保险市场的分级也是如此。那相应地，客户对代理人的需求就不能一概而论。中高端市场的客户，他们虽然可以通过互联网等平台去搜索相关信息，但作为非专业人士，他们其实很难判断这些信息的准确度和完整性，也很难从中精确找出自己所需要的内容。

不妨设想这样一个场景：现在你有份很重要的报告要完成，但里面有个知识点不太确定。摆在你面前的有两条路，一是上网查，只要输入问题，你就能找到成百上千条回答，但是这么多信息中，其实有很多是垃圾信息甚至是误导信息，需要你花时间和精力去分辨哪个是真正的答案；二是去图书馆查资料和询问专业的老师，这样你会得到少而精准的回答。我想你绝对会选第二种吧。

更别说中高端客户感兴趣的产品大多都比较复杂。比如，出于未来养老的考虑，中高端客户往往想购买年金险，这时就会涉及很多信息。第一，客户本身的信息，如养老生活规划、已准备的养老资产、养老金缺口、预期未来养老水平等。第二，产品本身的信息，如收益率水平、缴费期限、年金领取期限等是否符合客户的需求。第三，其他经济指标，如通货膨胀率、社保的养老金替代率等。

这意味着代理人不仅需要花费大量精力去搜集这些信息，还得借助金融专业知识去分析、筛选，接着才能进入产品匹配环节，为客户制定最合适、最专业的解决方案。传统的以产品为中心的保险销售员，很难胜任这样的工作。

同时，中高端市场客户对保险的需求，往往不是某个具体的产品，而是一整套保险服务方案，包括资产配置、遗产规划、健康管理、海外资产配置等。以往保险公司所提供的整齐划一的产品，以及所配备的销售员的知识水平和业务能力，都很难满足这类客户的需求。

另外，相对来说，中高端客户也更重视服务体验，希望在花钱买到适合的产品的同时，也能享受到贴心的服务。而这一点，是以推销为导向的销售员比较欠缺的。

比如，客户购买保险时，保险代理人应该给客户进行预核保，也就是初次核保，然后再交给公司专业核保人员进行审核。对保险客户来说，核保环节会影响到投保和后期的理赔。很多中高端客户的健康状况比较复杂，如果是保险销售员为其服务，他们不会花功夫去提前了解客户的健康状况，只会按部就班地把客户提供的体检报告和填写的调查问卷交给核保人员；在收到核保意见后，很少会有销售员去为客户争取合理的利益。一方面，是因为销售员更在乎这份保单能不能快速成交，而不是客户在投保时的利益会不会受损、在理赔时会不会遇到困难；另一方面，销售员本身的专业水准也很难胜任这些工作。

所以，从客户需求来看，中高端市场需要的代理人不是只会推销的保险销售员，而是具备专业知识、能提供个性化服务的保险顾问。

那是不是说，如果我不想从销售员进阶到保险顾问，就瞄准低端市场就好了？很遗憾，并不是。保险行业存在二八定律现象，80% 的利润由 20% 的客户贡献，而这 20% 的客户绝大多数都是中高端客户。也就是说，低端市场的利润本来就不大。利润不大，竞争却依然激烈：目前，银行代销渠道和互联网保险已经成为抢占低端市场的主力军，虽然它们不会把保险销售员完全淘汰掉，但可供他们发挥的空间必然会越来越小。

因此，随着社会保险意识不断加强、保险信息获取成本不断下降，以及保险购买积极性逐渐提高，保险顾问将逐步成为社会最需要的专业代理人，而保险销售员的重要性会渐渐削弱。那对从业者来说，保险顾问自然是更有前途的职业目标。

经济环境：未来 20 年的金融需求

从行业划分来看，保险业属于金融行业这一大类。但以往，大家对保险的金融功能都不怎么关注，只把它作为转移风险的工具。事实上，跟基金、股票、国债这些金融资产一样，保险也具备理财功能。

保险的理财功能

所谓理财，指的并不是赚钱，而是指在未来某个事件或时间被触发后，持有的金融资产会起到传递价值的作用。比如，为了预防未来因为治疗重大疾病而陷入经济危机，很多人会选择购买重疾险，一旦真的发生了风险，就可以找保险公司理赔，这种价值传递就属于用金融资产来实现事务（比如疾病、养老、教育、婚嫁等）管理。还有一种是用金融资产来管理财务，比如我们可以把余钱存进银行，在风险最低的前提下来获得一定的收益。当

然，如果风险承受能力比较强，同时对收益也有更高的要求，我
们可以去买基金或股票。

那跟其他金融资产比起来，保险在理财上有什么优势呢？

首先，自主性更高。如果把钱存入银行，或者是购买股票、
基金等产品，我们在未来某个时间能拿到多少钱，主要由当初投
入的本金、利率水平以及市场波动情况决定。但保险不同，受益
人最后能拿到的钱，不但跟风险造成的经济损失有关，也跟投保
人当初跟公司确认的保额有关。

以人身保险中的寿险为例。它的保险标的是生命，但我们常说
生命无价，没人敢给别人的生命定价，只有客户自己可以。所以，
保险公司往往以让客户设置保额的形式，来确定未来保险公司经济
补偿的额度。至于具体设置多少，一般得看客户买这份保险是为了
什么。如果说买寿险是为了等自己某一天不在人世时，还有一笔钱
可以用来继续完成自己对家庭的责任，那就根据客户需要承担的家
庭责任来确定。合计现在家庭的负债，再加上基本生活成本、子女
教育、赡养老人等支出，支出总和就是客户想得到的补偿数额。

其次，周期（投资期和回报期）长。银行理财产品、基金的
周期通常在 1~5 年，国债一般是 3 年期和 5 年期，当然也有长的
10 年期，但比较少。而保险，是少有的偏长期甚至是可以终身持
有的金融资产。像年金险、重疾险跟寿险，周期都长达二三十年，
甚至是终身。

周期较长，意味着持有者可以获得较长的风险保障，能锁定

长期收益。20世纪90年代的时候，中国经济进入高速增长期，通货膨胀率长期居高，银行存款利率一度高达10.98%。当时的寿险公司为了吸引客户，与银行竞争，曾推出预定利率达8%、9%，甚至是10%以上的保单。但没过几年，从1996年5月开始，央行连续8次降息，一年期存款利率从10.98%降至冰点1.98%。

如果你在1996年年初往银行账户里存入一笔钱，可能上半年还能按10%的利率获取收益，但下半年就不行了。不过，要是你把这笔钱拿去买了保险，情况就不一样了。因为保单8%的利率是锁定的，保障期限可能是10年、20年。只要没到期，保险公司就要按照这个利率给你返还利润。对客户来说，这自然比把钱存在银行更稳当。

但对保险公司来说，这就是噩梦了。比如说1996年卖给投保人的保单，承诺的回报率是10%，但由于降息，保险资金随后几年的投资回报率达不到10%[①]，那保单就会出现负利差。而这部分是需要保险公司来承担的。1996年的那几次快速降息，给中国寿险行业带来了巨额亏损。2007年3月，中国国际金融有限公司的研究报告称："平安人寿仍将长期受利差损保单的困扰。根据平安的测算，在目前的投资环境和投资假设下，这些保单所隐含的亏损超过200亿元，而峰值时（2050年前后）的亏损将在400亿元左右。"

不过，整体来看，周期长这个特点也能给保险公司带来很多

---

① 回报率是指保险公司在产品定价时，根据公司对未来资金运用收益率的预测而为保单设定的每年收益率，主要参照银行存款利率和预期投保收益率来设置。

好处。这就涉及保险作为金融资产的第三个优势：投资能力强。

保险的投资优势

一般来说，金融资产的提供方，包括银行、保险公司等，为了赚取收益，都会把闲置资金投入到社会再生产过程。比如，大家把钱存入银行获取收益，而银行会把存入的钱贷出去收取利息，这就是银行最常用的投资手段。

相比起来，保险在投资上有三大优势。

第一，跟其他金融资产相比，保险周期长，而且客户保单的兑现总有时间差，不会一起发生。这就使得保险公司提供的投资资金可以被长期占用并分期返还。

第二，规模效应。保费收入的资金规模是比较庞大的，在投资时可以获得较高的收益。比如，大规模资金对应的银行利率是高于普通存款的；投入股市的话，可以在一级市场有议价权，在二级市场有较大的操作空间；有资格投资国家级重点项目，即使是投资国债，也可以免利息税，品种和收益更多。

第三，投资渠道广泛。保险资管机构[①]基本具备主要投资资格，可以海外投资、债券、基金、股票、基础设施、不动产、同业拆借，等等。这是银行、信托等其他金融机构做不到的，比如银行就不能投资不动产和海外产业。

所以，南水北调、一带一路这样的大项目，其资金的主要来源

---

① 保险资管机构是指经银保监会同有关部门批准，依法登记注册，受托管理保险资金的金融机构，其主要股东或母公司为保险公司。

就是保险公司。比如南水北调中东线工程的建设周期有 8 年，回报期可能要 30 年，融资规模达数百亿元，一般机构根本负担不起。再加上它们属于基础设施项目，其他机构就算有资金，也没资格投资。

投资能力强，对保险公司来说最直接的好处就是收益增多，甚至可以帮助保险公司实现从业务驱动到投资驱动，再到资产驱动的转变。比如，一家保险公司原来只依靠销售保险产品营利，这属于业务驱动。后来，该公司在销售产品的基础上，将收到的部分保费拿去投资，获得的收益一部分给客户分红，剩下的算作公司的利润，这是投资驱动[①]。再后来，这家公司开始布局其他领域（房产、大健康等），持有和运营这些资产，来更好地服务客户、增加收益，这属于资产驱动。

一旦转型为资产驱动，保险公司还有可能形成投资产业链，进而获得资源整合优势，为客户提供保险产品、售后、资产增值之外的服务，从而极大地提高保险公司的竞争力。比如，保险公司去布局大健康产业、养老地产、养老服务，可以降低保险业务销售难度、提高服务质量，因为所投资的这些领域可以作为保单的增值服务提供给客户。保险公司要是有布局养老地产、打造养老社区，那该公司的代理人在为客户推荐保险产品时，就可以告诉客户，如果保额达到某个水平，就能免费获得入住养老社区的资格，这对客户来说是很有吸引力的。比如，泰康保险集团（下文简称"泰康"）

---

① 投资驱动是指通过投资股票、银行存款等资产，或投资基础设施建设，来获得收益。投资者只有投资收益，并不直接持有资产。

就通过自家公司布局的养老社区吸引了不少客户。

而对客户来说，保险公司投资能力强意味着自己可以获得更多的理财收益，实现资产的保值增值。一般来说，理财型保险会在固定收益的基础上，根据"三差"——死差[①]、费差和利差——来给客户发放红利。死差是指实际发生的理赔额与预期理赔有差而产生的损益，费差是实际运营管理费用与预期的运营管理费用有差而产生的损益，利差则是实际投资收益与投资本金之间的差额。三者之和的 70% 以上作为红利分配给客户。如果三者之和是 0 或负数，那分红就是 0，但即便没有分红，客户也是可以拿到固定收益的。换句话说，保险投资是稳赚不赔的。而且红利分配是公开透明的，保险公司要向银保监会报送分红保险财报。

同时，投资能力强还能进一步保证客户收益的稳定。保险公司会在扣除给客户分红的部分后，从投资收益里拿出一部分准备金存放起来，用来应对以后投资收益不理想的情况。这是每个保险公司都必备的"平滑准备金"机制。

此外，对国家、对社会经济来说，保险资金所具备的长期稳定的特性，使其可以发挥社会资金"蓄水池"和经济"稳定器"的作用。保险公司通过出售产品来收取保费，实际上起到了聚集社会闲散资金的作用。作为资金盈余所有者的个人和资本市场之间的桥梁，保险公司就好像一个转化器，将居民个人持有的规模小、分散性强的盈余资金转化为规模大、期限长、稳定性强的资

---

① 之所以叫死差，是因为最早的保险是以死亡为标准给付的。

金。同时，保险公司会通过保险投资将保险资金资本化，把收取的保费投资到实物生产部门或实体经济领域，这有助于国民经济实现经济增长的目标。

经济新常态：GDP 增速放缓

既然保险作为金融资产有如此突出的理财能力，为什么此前并没有受到足够的关注呢？

从国家层面来说，政府其实一直都很重视保险资金在实体经济和资本市场的应用，但对大众而言，不管在什么时代，保险的首要意义都是保障，投资理财只是它的派生功能。虽然近些年，随着经济的高速发展，居民的理财需求在不断增加，但有类似需求的客户追求的更多是理财的收益性，而保险理财侧重安全性和长期性，所以他们更愿意投资股票、房产等收益较高的资产。

但由于前些年投资爆雷事件频发，现在大众的理财心态已逐步由激进向稳健转变，不再只关心短期收益，也开始规划长期财务，希望可以实现财富的长期稳定增长。更重要的是，未来 20 年金融市场发展的趋势，会使大众对保险的需求越来越大。一方面，是因为 GDP 增速放缓的经济新常态，另一方面则跟中国老龄化社会的进程有关。

先来说第一个方面，近几年中国 GDP 增速放缓，这一趋势将会成为未来的常态化，进一步激发大众对保险金融的需求。

从改革开放至今，中国经济持续快速增长，GDP 增速一直保持在一个中高速水平，具体可以分为三个阶段。2008 年金融危机爆发前，中国平均 GDP 增速较快；自 2009 年起，国家开始有意放缓增速；2012 年及之后，国家有意识地把 GDP 增速适当调低到 7% 左右，从过去 10% 左右的高速增长转为 6%~7% 的中速增长（见图 2–1）。

累计同比增长率：不变价 / %

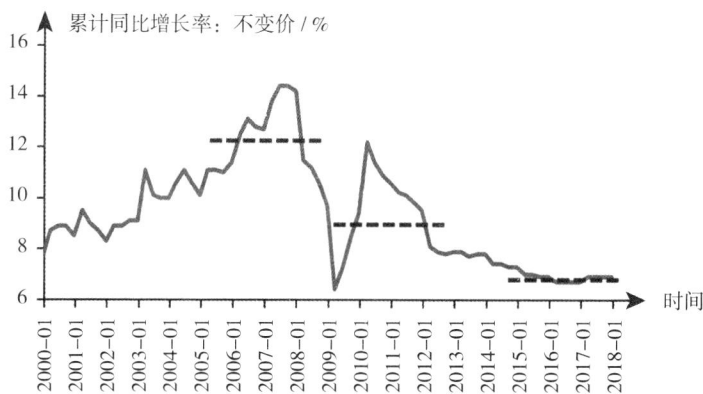

图2–1　2000年1月—2018年1月中国GDP增速

数据来源：华泰证券，《估值重塑系列之二：台韩股票市场那些事儿》。

那这种放缓的趋势还要维持多久呢？2016 年，《人民日报》头版发布过一篇文章《中国经济新方位》，里面提到："展望未来，我国经济运行不可能是 U 型，更不可能是 V 型，而是 L 型的走势。"U 型指的是，经济下跌后稍微低迷一段时间，然后回升；V 型意味着经济下跌后迅速反弹回升；L 型则表示经济下行之后，会在一定增速上保持平稳运行，类似于增速换挡之后持续一段时间的平稳前进，比如 GDP 增速从 10% 跌到 6% 后长时间保持在这个档位。

事实上，全球主要经济体的 GDP 增速，从长期来看，都经历过由快向慢的转变，它们在平稳运行阶段的平均时长为 30~50 年。比如日本的 GDP 增速在 1974 年之前也是很快的，平均增速为 8.5%；石油危机爆发之后，就一下子慢了下来，1975—1990 年，GDP 平均增速只有 4.5%；1990 年之后至今，日本的 GDP 增速更是低到了 1% 的水平。再比如德国，第二次世界大战后德国迅速在废墟上崛起，从 20 世纪 50 年代至 1967 年，德国平均 GDP 增速近 8%，创造了"莱茵河奇迹"。但 20 世纪 80 年代后，增速换挡，很快就降到了 4%，接着又降到 3%，乃至 1%。而从 2008 年以来，美国 GDP 的平均增速也都不足 2%。

GDP 增速放缓对国家而言是件好事，因为这意味着经济发展将由高速发展阶段向高质量发展阶段转型。但对大众来说，则是一次挑战。

过去经济增长速度很快，收入的增长速度也很可观，所以想要过上好日子，并不太需要大家花精力跟时间去理财，大家只要把所有的时间和精力都投入到挣钱这件事上就够了。但现在，增速放缓了，挣钱的速度也在跟着减慢，再加上通货膨胀，可能未来我们挣钱的速度要赶不上花钱的速度了。

那怎么办呢？我们需要在劳动性收入之外，增加一个资本性收入，也就是不需要付出劳动就可以获得的收益。当资本性收入超过劳动性收入且没有负债时，我们甚至可以退出劳动力市场。最常见的资本性收入，是配置金融资产。而中国人过去最擅长的金融资产，就是银行储蓄。因为以前经济增速够快，大家并没有为未来进行资金规划的动力跟习惯，有闲钱后存进已有的银行账户既方便又省心。

从图 2-2 来看，与发达经济体相比，中国人的储蓄率是处于高位的，近些年基本都维持在 40% 以上。虽然家庭储蓄在一定程度上可以解决突发事件带来的经济危机，比如 2020 年，中国居民爱储蓄的习惯就帮助大众缓解了不少新冠疫情带来的经济压力。但是，过高的储蓄率对一个家庭的资产配置来说是很危险的。现金储备太多，从长期来看很难抵御通货膨胀。如果只依靠银行储蓄这一个渠道的话，一旦现金贬值，家庭就会遭遇极大的资金风险。所以，在经济增速放缓的背景下，大众的金融需求被激发了出来，他们需要配置多元的金融资产来弥补收支之间的不平衡，来实现风险管理。

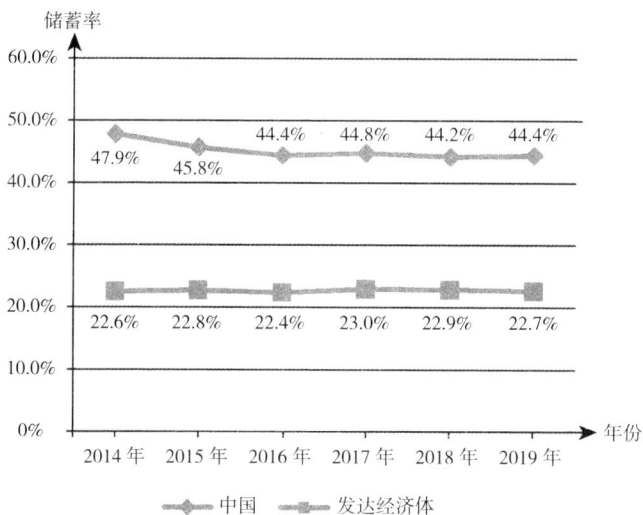

图2-2 中国国民总储蓄率相对发达经济体处于高位

数据来源：国海证券，《休闲服务行业 2021 年投资策略》。

这个风险管理既有事务上的，比如生老病死，也有财务上的，比如低利率风险、保值增值的风险等。而作为金融资产，保险在事务管理上具有杠杆效应，可以让客户以较低的保费获取较高的经济赔偿，不至于在风险发生时，将全部储蓄拿出来应对风险；在财务管理上，保险投资具有长期性和稳定型，可以对抗未来的通货膨胀，实现资产的保值增值。

老龄化进程激发保险需求

说完经济新常态的影响，再来看老龄化社会这个方面是怎么影响大众对保险这一金融资产的需求的。根据联合国《人口老龄化及其社会经济后果》确定的标准，当一个国家 65 岁以上的人口占总人口的比例在 4% 以下，该国家为年轻型社会；比例达到 7% 时，进入老龄化社会；达到 14% 时，进入深度老龄化社会；达到 20% 时，则进入超级老龄化社会。

具体到中国，如图 2-3 所示，2000 年以前，我们还是一个非常年轻的国家，到处都在讲劳动人口红利；但是 2000 年，中国就进入了老龄化社会；在 2020 年之后，2025 年之前，中国大概率会进入深度老龄化社会；再过 10 年，差不多到 2030 年的时候，我国 65 岁以上的老人所占比例会达到 20%，进入超级老龄化社会。

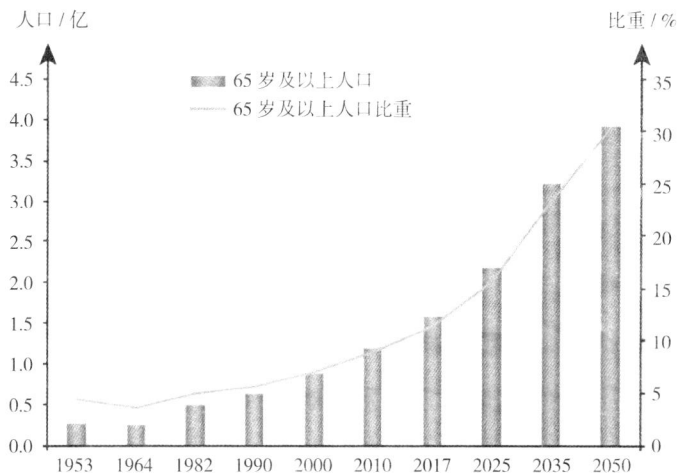

图2-3 中国人口老龄化速度及规模

数据来源：恒大研究院，《渐行渐近的人口危机——中国生育报告2019》。

按这个预测来算的话，中国从老龄化社会转变为深度老龄化社会，可能只需要不到 25 年的时间。对比其他国家，如图 2-4 所示，德国和英国用了 40 多年的时间，美国用了 72 年，法国更久，用了 115 年。时间长，意味着国家有足够的时间可以让自己"有备而老"。

相比之下，亚洲国家老龄化速度普遍偏快，韩国只用了 18 年，日本稍微长一点，但也只用了 24 年，中国的速度应该跟日本差不多。所以，我们可以得出一个结论：中国的老龄化速度非常快，存在一个"快速老龄化"的现象。

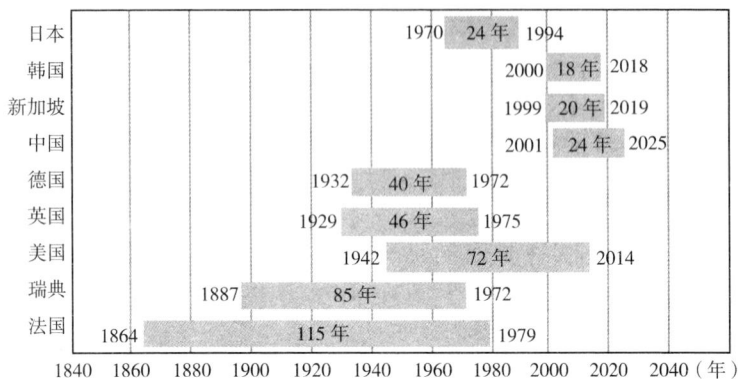

图2-4　主要国家老龄化率从7%升至14%的时间

数据来源：日本2018年版《老龄化社会白皮书》。

　　除了快之外，我们还面临一个更可怕的事情——未富先老。2019年，清华大学公共管理学院教授杨燕绥女士在媒体平台公开了下面这组数据：当发达国家进入老龄化社会的时候，他们的人均GDP水平是1万美金；当他们进入深度老龄化社会的时候，他们的人均GDP水平是2万美金；当他们进入超级老龄化社会，也就是今天的德国、日本，他们的人均GDP是4万美金。而我们在2000年进入老龄化社会的时候，人均GDP是多少呢？800美金，只有1万美金的十几分之一。当时和我们同期进入老龄化社会的新加坡，人均GDP是24000美金，是我们的20多倍。

　　这两个特点加在一起，带来的直接后果就是：个人需要"自立"，借助其他金融资产来补足养老金，提早进行养老资金规划。

　　保险代理人在跟客户介绍养老保险产品的时候，往往会被告知："我有养老金和储蓄就足够了，不需要保险和其他理财产品。"有这种想法的人并不在少数，以往大家的经验也证明了这是可行的。但随着老龄化进程的加快，储蓄跟养老金只能维持我们晚年的基本生活，要想过一种体面的老年生活，只靠它们是远远不够的。

　　这是因为我们的储蓄并不是专款专用账户，而是混合账户。什么意思呢？放在银行的钱并不是一个固定的数额，发了工资、奖金，我们可能会往里存，同时也会因为买房、生病、孩子上大学等事件随时把钱取出来用。这意味着我们其实很难确定自己的银行账户里到底有多少钱是专门用来养老的。即使心里有个预算，也很有可能会遇到意外，需要挪用一部分养老资金。那能不能去银行办理养老的专款专用账户，比如存个定期，直到退休那年才能取出？这倒是可以在一定程度上避免养老资金被挪作他用，但别忘了，储蓄无法抵御长期的通货膨胀问题。

　　储蓄有不足，养老金同样也存在问题。现在，很多城市的养老金已经不能达到收支平衡了，因为交钱的人越来越少，而领钱的人越来越多。早在 2016 年，黑龙江省城镇企业职工养老保险基金累计结余就已经是负数了——–232 亿元。[①] 后来，国家为了平衡不同区域之间养老金的分配问题，于 2018 年出台了养老金中央调剂制度，养老金进入全国统筹时代。我们可以看一下 2020 年的调

① 数据来源：人社部社保事业管理中心发布的《中国社会保险发展年度报告2016》。

剂情况，这一年调剂金达到 7398.23 亿元，其中 7 个地区是净贡献者，比如广东、北京、浙江、江苏、上海等，22 个地区是净受益者，其中就包括辽宁、黑龙江、湖北、吉林等地。[①] 虽然从全国范围来看，调剂之后的养老金在收支上暂时没有太大问题，但它只能覆盖基本养老保障。随着人口结构的变化（年轻人减少，老年人增多），未来会出现养老缺口，而且缺口会越来越大。2020年 11 月中国保险行业协会发布的《中国养老金第三支柱研究报告》里提到："未来 5~10 年，中国预计会有 8 万亿 ~10 万亿的养老金缺口，而且这个缺口会随着时间的推移进一步扩大。"

通常，我们会用养老金替代率，即退休后领取养老金占退休前工资的比重，来衡量退休后领取的养老金能否满足养老费用。假设你即将面临退休，现在的工资是每月 1 万元，国家的养老金替代率是 100%，那退休后每个月你可以领到 1 万块钱的养老金，维持和退休前相同的生活水平。可如果替代率只有 50%，你就只能领到 5000 块钱，生活水平自然会下降。世界银行组织建议，要基本维持退休前的生活水平，养老金替代率不能低于 70%，同时，国际劳工组织建议养老金替代率最低标准为 55%。

美国的养老金替代率就比较高，根据经济合作与发展组织（OECD）的数据，美国的养老金替代率基本维持在 70%~80%。但是，目前我们国家的替代率连 50% 都不到，这意味着只靠养老金是不足以带给我们一种体面的养老生活的。人社部公布的数

---

① 数据来源：财政部 2020 年中央调剂基金年度预算。

据（见图2-5）显示，我国城镇基本养老保险的替代率自2000年开始，总体呈逐年下降的趋势，从2000年的71.9%到2015年的44.8%，其中2012—2015年这几年，基本都稳定在44.5%～45.0%，远低于美国平均70%以上的替代率水平，甚至低于国际劳工组织建议的55%的替代率警戒线。

导致养老金替代率下降的原因主要有三个。第一，缴费基数和缴费年限偏低。第二，养老金待遇调整机制缺失，没有形成良好的根据居民价格指数和职工工资增长情况对养老金进行调整的机制。第三，养老金增长率低于工资增长率，2002—2014年是城镇职工工资水平增长最快的时期，平均年增长率接近15%，虽然国家从2005年开始连续12年提高基础养老金水平，但一般都只按照10%的标准提高，明显低于同期职工平均工资增速。

图2-5　中国养老金替代率持续走低

数据来源：华创证券，《美国养老目标基金发展借鉴》。

储蓄无法抵御通货膨胀，甚至有可能被挪作他用，养老金的替代率又如此低，因此，要解决老龄化进程带来的养老问题，我们必须借助其他金融资产。在这一背景下，保险的优势被进一步凸显了出来：周期长、复利计息、专款专用账户等特点，使其可以精准匹配当下及未来养老的需求——抵抗通货膨胀、持续获得现金流至去世，以及具备足够的安全性。换句话说，养老相关的保险需求将迎来爆发期。

从国家政策角度来看，我国的多层次养老保险体系包含三个支柱：第一个支柱是基本养老保险，第二个支柱是企业年金和职业年金，第三个支柱则包括个人储蓄型养老保险和商业养老保险。近些年，国家通过政策在努力引导社会基本养老保险和商业养老保险的共同发展，比如"十四五规划"中提到了"健全多层次社会保障体系""实施积极应对人口老龄化国家战略"等相关内容。全国人大常委会委员、中国社会保障学会会长郑功成在接受媒体采访时表示，"十四五"时期（2021—2025年）是养老保险制度走向更加成熟、更加定型的改革攻关时期，同时，积极开拓商业养老保险及其他有利于积累养老财富的途径，是推进养老保险制度改革的关键环节之一。

在这些政策的支持下，保险行业将会获得快速发展，保险的理财功能也会越来越受到重视。同时，个人出于自身养老的考虑，也会逐渐将目光投向保险，尝试把一部分资产配置到保险领域。

综上，从整个经济大环境来看，保险作为金融资产，是实现资产合理配置、解决社会问题的重要工具，将越来越受到政府与大众的重视。但要帮客户进行金融规划，是需要具备一定专业水准的，保险代理人不仅要对保险领域足够了解，还要懂得其他金融领域的知识，具体的技能我会在第五章详细介绍。而保险销售员，基本上只对自己要卖的产品有一些了解，无法为客户提供金融规划服务。所以，想抓住未来 20 年的金融趋势发展事业，不能只满足于做一个销售员，而要把职业目标定为保险顾问。

保险科技：保险代理人面临淘汰危机

保险科技指的是保险行业运用大数据、人工智能、区块链、云计算、物联网、互联网与移动技术、虚拟现实等新创科技来设计新的保险产品和解决方案，改善流程及运营效率，并提升客户体验和满意度。瑞银财富管理投资总监办公室在第三期《亚洲前瞻》报告里详细讨论了保险科技，指出："未来 5 至 10 年，保险科技可能彻底改变购买保险、保单定价及进行理赔的方式。"

保险科技能为保险行业提供较大助力。目前来看，这种助力主要体现在保险代理人的培训、展业和精准营销三方面。[①]

第一，借助保险科技，保险代理人培训体系更加平台化和智能化。首先，利用远程在线培训的方式，代理人可以利用碎片化时间学习保险产品信息及营销技巧，并可以随时分享学习成

① 具体分析请参阅艾瑞咨询发布的《科技定义保险新未来——2020年中国保险科技应用价值研究报告》，http://report.iresearch.cn/report_pdf.aspx?id=3678。

果；其次，利用大数据技术，培训平台可以根据代理人的特征智能推荐课程，提供定制化培训方案；最后，利用人工智能打造的 7×24 小时的 AI 陪练和智能问答机器人，能够帮助代理人进行沉浸式的全方位模拟训练。

第二，借助保险科技，保险代理人进行线上展业成为可能。2020 年上半年，受疫情防控影响，保险代理人的线下展业活动受到严重阻碍，这对一直依赖于线下面对面展业和签单的寿险业务造成了极大的冲击。因此，疫情迫使保险代理人开始更多地通过网络渠道与客户进行业务交流，并引导客户完成在线投保。这一过程或许会成为不可逆的客户体验升级，未来将成为寿险业的"新常态"。在这样的情况下，之前重视保险科技投入和数字化转型的保险公司会呈现出明显的优势。除此之外，大数据和人工智能能够为代理人提供客户关键信息、客户需求洞察等，便于代理人做出决策，从而能够更有针对性地开展业务。

第三，借助保险科技，保险代理人实现了精准营销。代理人可以利用保险科技为客户建立数据模型，并将客户数据模型与公司各类产品的数据模型相对比，为客户提供更具个性化的优质服务，从而实现精准营销。

近几年，政府给保险科技的发展提供了不少支持，主要体现在三个方面。第一，为了推动科技跟保险等领域的跨域合作，汇集科研机构、企业、媒体等多方资源推进保险科技创新，政府加强新型基础设施建设（比如 5G 网络、数据中心等）、提供税收优惠等。第二，政府还会直接向初创企业及保险公司提供资金支持，如通过设立风险投资基金为有前景的初创企业提供支持。第三，了解企业痛点，协助拟定解决方案，比如建立面向创新企业的服务团队、开设咨询窗口、定期举办交流会等。

同时，监管机构在这方面也出了不少力，它们积极防范保险科技发展过程中可能会出现的风险。比如，评估现有法律制度，调整不适用内容，补缺空白领域；完善政策法规，保障数据安全；减少产品缺陷以及欺诈风险；加强产品宣传规范，进行消费教育，等等。

科技在保险行业的具体应用情况，可参照表 2-3。

表2-3　全球范围内保险科技应用案例

★产品设计　●营销及销售　◆核保及定价　▓用户服务　▲理赔　※非穷尽		
应用案例	应用案例	用例
大数据	●针对性营销，运用大数据分析客户潜在需求，个性化推送产品 ●预测代理人销售成功率，向优质业务员分配高价值客户资源及产品 ●通过大数据分析推进核保流程的自动化，缩短核保时间，并提高核保准确度 ▓●识别高退保风险保单，主动挽留高退保风险客户，并分析不同客群退保原因，降低退保率	GENERALI

应用案例	应用案例	用例
人工智能	●动态跨渠道营销方案，基于线下渠道播放时间动态投放线上广告，提升广告投放收益率 ■优化客服流程和成本，如基于声音分析技术的声音识别系统，省却账户密码输入 ▲识别欺诈案件，如基于社交网络上用户行为数据，分析、识别虚假理赔案件 ▲数字化智能理赔管理系统，通过智能系统识别简易案件，并自动完成理赔 ▲预测严重理赔案件发生规律，尽早辨识出严重理赔案件，提升客户体验及理赔处理速度	wywy NUANCE ZURICH inshared
区块链	●▲智能合约，基于用户信息自动接受用户投保，出险后自动赔付 ★●■在区块链上流通的保险产品，保单自由转让并避免造假问题 ▲基于区块链管理用户信息，如通过社交网站自动捕捉用户信息，识别理赔事件	RINUETH 阳光保险 DYNΛMIS
云计算	●自动化营销引擎，协助代理人管理广告投放，提供交叉销售建议、忠诚计划等 ●■白标保险中介平台，整合一系列产品便利中小金融机构的交叉销售，赚取手续费 ●■▲保险中介管理平台，为经销商或代理人提供从下单到理赔的保险业务管理	INSURITAS INSLY
物联网	★基于用户的保险产品（UBI），通过设备追踪用户行为，按用量、驾驶习惯定价 ■智能家居，实时监控家族设备安全情况，提前预警 ■智能个人穿戴设备，收集用户数据并提供健康管理等相关增值服务	metromile OK·车险 Panasonic Allianz ⑪ beam Renaissance. Dental

续表

应用案例	应用案例	用例
互联网与移动技术	★基于移动技术的超短期保险，如基于 App 向客户提供 1 小时到几小时的超短期新型保险产品 ★模块化产品设计方案，模块化形式提供客制化保险产品服务解决方案 ★场景化的微保险，在互联网平台 /App 上针对特定场景需求提供可便捷购买的低保费产品 ★P2P 保险模式，基于互联网以及移动设备，以 P2P 保险模式提供更低的保费价格 ⬤比价平台网站和 App，提高消费者选购的透明度，使客户能够购买更加实惠的产品 ⬤▦★代理人销售服务平台，通过平板电脑等移动设备即时获取用户信息、完成下单 ⬤▦★一站式用户服务 App 应用，通过 App 软件应用，用户可以完成产品购买、账户管理以及自动理赔	Cuvva Allianz Ⓜ 众安保险 friendsurance policy genius AIA Lemonade
虚拟现实	▦创新用户风险意识普及教育方式，如为车险用户提供虚拟汽车碰撞体验等	Allianz Ⓜ oculus
基因技术	★更准确地预测保险客户预期寿命，提高核保速度和准确性，并开发新的寿险承保方案	GWG

资料来源：陈蕾、蓝兆君、陈以诺、李嘉华，《保险科技：互联网保险的下一个竞争前沿》。

这些举措进一步推动了保险科技的发展，也为保险行业的升级换代奠定了基础。那对保险代理人来说，保险科技的出现是不是一件好事呢？2015 年，国内媒体报道了英国 BBC 关于机器人抢饭碗的预测，说未来保险业务员是最容易被人工智能替代的职业之一，概率高达 97%，引起了很多保险从业者的恐慌。

但事实上，原报道说的是，英国 7.7 万名"养老金与保险文书办事员和助理"会有 97% 的可能性被机器人取代。而这两类员工，只负责文书跟提供销售支持，并不直接参与销售环节，不能等同于通常意义上的保险代理人。

那是不是意味着我们就不用担心被取代了呢？虽然近 3~5 年，保险科技还不可能取代从业者，但它对从业者的影响已经出现了。现在越来越多的保险公司开始利用机器学习①、自然语言处理、图像识别的技术开发保险销售的新工具，很多公司甚至开始引入智能机器人帮助潜在客户选择保险产品，回答客户的相关问题。

所以随着保险科技实践的进一步发展，一方面，保险公司对员工的技能要求会越来越高；另一方面，在固有的市场份额下，保险科技必将取代部分保险销售人员——负责一部分低端市场的保单销售。

也就是说，如果一个保险从业者只是根据公司教的内容和话术去向客户传达信息，那他是极容易被替代的。甚至在未来，这样的应聘者可能都没法进入保险公司面试的最终轮。

2018 年，复旦大学保险科技实验室和中国保险学会联合发布了《人工智能保险行业运用路线图（2018）》，这是全球首份对人

---

① 机器学习是人工智能的核心技术，涵盖概率论、统计学、复杂算法等多学科知识。简单来说，是指利用计算机来模拟真实、实时的人类学习行为，并对现有内容进行知识结构划分，从而有效提高学习效率。

工智能在保险行业应用路径的全面报告。报告预测，人工智能在客户服务和核保两个业务环节的运用速度将会是最快的，有望在2020年前后实现25%的运用率①，而在2036年，保险行业人工智能的整体运用率将达到75%（见表2-4）。

表2-4　人工智能保险行业运用路线图

	实现 25%	实现 50%	实现 75%
产品销售	2024	2030	2035
核保	2021	2025	2030
精算	2022	2025	2030
理赔	2022	2025	2030
客户服务	2020	2025	2030
保险资金运用	2024	2027	2032
合规内控	2022	2028	2032
再保险	2023	2029	2035
全行业	2025	2030	2036

数据来源：《人工智能保险行业运用路线图（2018）》。

也就是说，保险科技对保险从业者的升级换代已经开始了。不管你是刚入行的新人，还是浸淫其中多年的老手，如果跟不上新的节奏，依然以保险销售作为自己的职业目标，淘汰可能只是时间早晚的问题。

①　截至本书出版之前，2020年相关数据尚未公布。但据我所知，目前的实际运用率比预测的还要高。

行业监管：保险代理人从扩量到提质

除去社会意识、经济环境和科技发展这三个维度，外部环境对从业者转型升级的需求还跟行业监管有关。

一方面，从 2017 年至今，监管部门进一步规范了权益投资等投资行为，引导行业回归本源。保监人身险〔2017〕134 号文《中国保监会关于规范人身保险公司产品开发设计行为的通知》，明确叫停诸多主流产品类型，引导险企发展保障型产品。这对从业者有什么影响呢？理财型险种，特别是短存续期的产品，向客户传递产品信息的门槛低、销售难度小，对于专业水平较低的销售员的留存是有利的。但是现在的监管方向明显是要引导回归保险本源，用长期保障类等复杂程度较高的产品逐渐取代简单快速返还型的产品，这就对从业者的素质提出了较高的要求。

另一方面，保险行业的监管部门更新了对保险代理人的素质要求。2020 年 11 月，银保监会发布《保险代理人监管规定》，并于 2021 年 1 月 1 日起正式施行。其中涉及保险代理人的部分，核心要义是要强化队伍高质量发展，强调对代理人入口关的把控，提升队伍素质。比如，提到"保险公司应当委托品行良好的个人保险代理人""维护人员规范有序流动""加强对个人保险代理人、保险代理机构从业人员的岗前培训和后续教育""将个人保险代理人销售行为合规性与团队主管的考核、奖惩挂钩"。所以，未来保险行业从业者将逐步从"扩量"向"提质"方面发展。

当然，成为一名保险顾问，不仅仅是为了迎合行业内部跟外部环境的需求，从而拥有更长的职业寿命跟更好的职业前景，它同时还关系着个人的收入。从 2013 年到 2019 年，香港保险从业者的数量只增加了 3 万左右，刚刚超过 10 万人，但香港的保费却从 2907 亿港元增加到了 4864 亿港元，翻了一倍。在人力数量没有较大增长的前提下，代理人的人均收入瞬间提高了不少。

收入提高后，紧接着下一个变化是什么呢？是社会地位的提升。要知道，决定一个人社会地位的第一要素，是收入和财富水平，而不是从事的具体工作。当行业的平均收入提高了，消费能力和对社会的税收贡献也在增大，社会地位自然也会上去。在香港，很多演员在息影后都选择了转行做保险，可见在他们看来，保险代理人的社会地位并不比公众人物低。

因此，不管是从行业本身的发展需求来看，还是从整个社会经济的发展趋势而言，抑或是考虑到个人的收入与社会地位，成为一名保险顾问都是当下保险从业者最理想的职业目标。

03

基础技能篇：
保险营销

　　从这章开始，本书将进入重头戏，我会用三章的篇幅来为你具体讲解保险顾问的职业发展路径，了解不同职业发展阶段所需要的技能。这一章是基础篇，介绍初入保险行业的新人必须要练扎实的基本功。如果阅读此书的你已经久经历练、老成持重，可以跳过此章学习后面的内容。

　　作为中间人，保险代理人的基本责任，就是通过各种销售技巧，推动买卖双方完成交易。这也是"人海战术"时代，保险销售员们最主要也最基本的工作内容。但在行业追求人均产能和客户启蒙完成的当下，保险顾问就需要在销售之外增加一个环节——客户经营，经营在前，销售在后。

　　也就是说，巧用技巧和话术来推销或刺激客户购买保险产品已经不好使了，也过时了。现在，一个完整的销售流程应该是以客户需求为导向，逐步推动客户从对保险产品有感知到最后做出购买决策，同时为客户提供后续服务，这叫作顾问式营销。

　　和原先以产品为导向的销售模式截然不同，顾问式营销是围绕客户心理的转变来提出专业建议和服务。在整个工作流程中，保险顾问的角色更像是一个导师，在每个关键节点为客户提供指引，帮助他们完成保险购买。

那顾问式营销需要保险顾问具备哪些基本技能呢？

了解基本工作流程

根据以往的经验，我把整个营销环节大致分成了四个阶段（见图 3-1）:（售前）感知期、（售前）兴趣期、（售中）决策期、（售后）服务期。

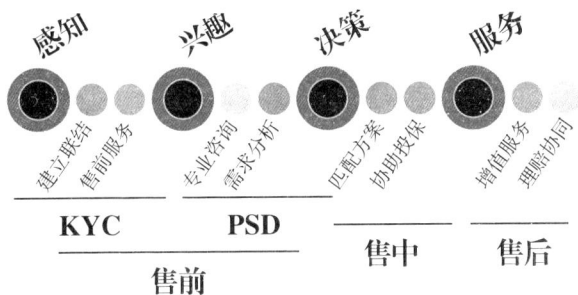

图3-1　保险营销阶段示意图

从感知期到兴趣期

一般来说，保险客户对客观风险和保险是有一定认知的，但因风险具有不确定性，在日常平静的工作和生活中，他们并不会格外注意未来不确定性的事物，而且还会心存侥幸。所以，即便受过保险启蒙、有相关的基础，他们也很难自发地对保险产品产生兴趣，更别说掏钱购买了。

那遇到这样的客户该怎么办？直接放弃？当然不，保险顾问应该去努力挖掘客户的潜在保险需求，激发他们对保险的兴趣。

事实上，能让人产生保险需求的事件有很多。比如，过生日时想送自己一份礼物，体检发现健康出现问题，家人、朋友生病或发生意外，结婚生子，天灾人祸……通常，普通保险客户在一年中会产生 2~3 次保险需求。要是保险顾问能在客户产生需求后的 48 小时内，为对方提供合适的解决方案，那他就有超过 90% 的概率签下这笔保单。

既然如此，为什么还有很多从业者觉得保险难做呢？这样的感叹主要来自传统的保险销售员，因为他们总想在客户没有需求时把产品推销给对方，以求尽快完成自己的业绩任务。他们既没有耐心去等需求产生，也不想花时间去储备专业技能、提供个性化的建议与服务。久而久之，客户即便真的产生了保险需求，也不会去找保险销售员，因为他们会觉得从销售员身上得不到什么专业建议。

因此，就保险好不好做来说，保险顾问是比保险销售员更有优势的，因为擅经营、懂专业就是保险顾问的一大标签。一般来说，一名成熟的保险顾问能稳定经营 100 位客户，他们加在一起每年会产生 200~300 次保险需求，理论上大多数需求都能转化成交易。这么来看，保险顾问一年的业绩是不是非常可观？

　　要是遇到波及范围极广的突发事件，保险需求还会成倍数增加。2020 年 5 月，复旦大学联合腾讯微保发布《后疫情时期中国保险需求的 18 大发现》，该报告显示：随着 2020 年 1 月 23 日武汉封城，新冠肺炎疫情爆发，全国新增确诊人数进入上升通道，保险需求也一同进入爆发期。新增总投保客户、反映潜在保险需求的小程序访问量、年化保费不仅随新冠肺炎疫情的发展同向波动，而且较 2019 年同期有了质的飞跃。同时，疫情之前，互联网保险的转化率较去年同期平均只增长了 73%，而疫情期间的增长达到了 232%。

　　这些事件对保险客户来说是催化剂般的存在，保险顾问可以抓住契机和客户建立联结，并提供售前服务，比如保单整理、邀请客户参加公司举办的非推销类活动等，让客户对保险产品产生购买兴趣。

从兴趣期到决策期

　　一旦客户有了保险需求，顾问就得抓紧时间为对方提供专业咨询和需求分析。因为一般来说，大多数客户会在需求产生后的 48 小时内做出是否购买的决定。

　　那在这个关键节点，保险顾问要注意些什么呢？最主要的工作，就是降低客户的感知风险。"感知风险"是营销市场常出现的一个词，指的是消费者在产品购买过程中，因无法预料其购买结果优劣以及由此导致的后果而产生的一种不确定性的感觉。它包含两层意思，一是决策结果的不确定性，比如消费者想买份重疾险，但担心这份保险并不完全符合自己的需求，或者害怕性价比不高等；二是错误决策后果的严重性，比如对风险发生后理赔程序及效率的担忧。

消费者的这种感知风险，是一种相对主观的感受，不同客户感受到的不确定性的程度，会因各自的性格、接收的信息、产品的属性等因素而有所不同。相对于其他实体产品，保险这样的无形产品通常会更容易让消费者感受到风险。再加上保险的周期比较长，很难立即见效，一般来说投入的金钱也会比较多，这些都会增加客户的感知风险。

那保险代理人可以怎么来帮助客户降低感知风险呢？最有效的方式，就是让他们获取更多的信息，不只是获取产品相关的信息，更重要的是弄清楚这款产品是否完全符合自己的需求，以及产品的售后服务情况。

这时，保险顾问的优势就凸显了。虽然保险销售员也会跟客户科普产品的信息，但他们往往只是把手里有的某种产品介绍给所有客户，并不会根据客户的具体信息为他们定制个性化方案。而保险顾问则会根据在"感知期到兴趣期"阶段获得的客户信息分析他们的需求，然后再来拟定适合客户自身情况的方案。这样，每一位客户都会觉得保险顾问是在为自己量身定制方案，也能比较确定方案里涉及的内容可以满足自己的需求，从而更大程度地降低感知风险。

这个区别有点类似于卖西装。保险销售员的方式，就像是按照常见的尺码生产 S、M 等尺码的西装，方便消费者对号购买，至于上身后是不是贴身、适合，并不是他们关注的重点。但有的商家则跟保险顾问一样，他们会根据客户的身材跟气质，来为每个人量身定制西装。

不过，西装不合适还可以进行二次修改，只需要花费一点时间和钱，损失很小。但保险的二次修改（退保重新购买），不但会极大影响客户的消费体验，还有可能给他们带来不小的经济损失。因此在保险市场，消费者对个性化定制的需求越来越普遍，也越来越迫切。在从兴趣期到决策期的营销阶段，保险顾问的首要任务，就是通过信息的传达、方案的制定，来努力降低客户的感知风险，让客户对保险产品产生购买兴趣。

从决策期到服务期

如果客户已经决定购买产品了，这时保险顾问就需要根据前一阶段制定的保险方案去为客户选择合适的产品，并协助投保，完成投保、核保等一系列过程。

走完以上工作流程，产品销售就算完成了，但保险顾问的工作还没有结束，接下来将进入售后的服务期。这一阶段的主要工作，包括理赔协同和增值服务。

理赔协同，简单来说，就是在风险发生后，保险顾问需要准备各种理赔资料，比如医院诊断证明、社保分割单等，协助客户向保险公司申请理赔，处理理赔手续，如果遇到理赔争议，则需要跟公司沟通，甚至通过谈判来争取融通赔付。有保险顾问的协同，一方面是可以帮忙提高理赔效率，另一方面也是可以避免让处于风险中的客户再分出精力去兼顾理赔办理，减轻客户的负担。在保险顾问的所有基础技能里，理赔协同算是比较难的，因此，我专门为它安排了一节（详见第三章），这里就先不展开了。

同时，作为保险顾问，我们得明确一点：保险作为长期性的金融工具，一般投保和理赔之间相隔的时间会比较长，10 年、几十年甚至一辈子都有可能。在风险发生之前，为了和保险客户保持长期良好的联系，我们需要为其提供一些增值服务。

增值服务是指保险责任范围外的其他服务，目前大多数保险公司都会向客户提供不同层次、不同形式的增值服务，但通常这些内容不会写在保险合同中，只会在各家保险公司的服务手册中体现。比如，平安人寿会为购买健康险的客户提供平安好医生服务，让客户可以在线咨询健康问题；友邦人寿会提供"健康友行"会员体系，客户可以享受线上预约挂号、重疾专案管理、保费测算、专属保障推荐等服务；太平洋寿险则会为缴纳一定保费的年金险客户提供养老社区服务，为高端客户提供"生命银行"服务，通过高保真技术将健康的种子细胞储存、用于未来可能会遇到的肿瘤治疗等。

与保险合同里的条款相比，各家保险公司增值服务的提供没有客观的标准，一般会综合参考客户等级、产品类型和公司的服务偏好这三个维度。

第一，客户等级决定了保险公司对不同客户投入的服务资源的数量和质量。保险公司会根据客户所缴纳的保费多少或者保单情况对其进行评级，来提供不同的增值服务。这有点像银行会根据客户情况设置不同级别的卡，有财富卡、白金卡、金卡、普通储蓄卡等。比如我现在是某家保险公司的白金级客户，他们给我提供的增值服务包括挂号、绿色通道、第二诊疗意见、私人医生咨询、养老社区优先入住资格，等等。但如果只是普通客户，可能就只能享受到挂号和绿色通道这两项服务。

第二，产品类型不同，它所包含的增值服务也不一样。比如针对家庭财产保险，保险公司会提供天气预报、灾害预报等信息，来帮助客户提前做好风险防范，从而降低保险公司的理赔率。再比如常见的健康类险种，它的增值服务几乎涉及了跟医疗相关的所有环节，包括挂号预约、绿色通道、24小时电话医生、住院探视、国内救护车紧急救援、第二诊疗意见、海外就医安排服务，等等。

举个例子，我之前有个辽宁的客户，她在医院检查出患了甲状腺癌，但当地并没有合适的医疗资源，一家人因此都很着急。我知道后，连忙给她申请了第二诊疗服务，由保险公司出面，请了北京一家医院的大夫对她进行二次诊断。最后发现，她只是因为碘摄入过多导致产生了甲状腺结节，一家人顿时就安心了。

更常用的增值服务是挂号。保险公司一般都会和很多知名医院合作，给客户提供专家门诊预约，比客户个人上网预约专家号方便，也比找黄牛靠谱。

而且，有些服务不只是被保险人可以用，被保险人的父母、子女、配偶也可以使用，比如有的公司也会给被保险人的家人提供医院挂号服务。但具体哪些服务也适用于家人，要看每家保险公司的详细政策。

第三，是看各个保险公司的服务偏好。每家公司手里的资源不一样，能提供的服务自然也会千差万别。比如，有的公司在医疗资源上有优势，就会提供很多健康方面的增值服务；有的常年布局养老产业，就能提供优质的养老服务。保险顾问可以根据自家公司的资源优势去匹配客户的需求。

在这里我也提醒一下，增值服务虽然是在售后阶段才提供的，但在促成保险交易的时候，保险顾问就应该根据客户等级、所购保险类型、公司服务偏好来确定客户可以享受哪些增值服务、服务生效的触发条件是什么，并清楚地告诉对方。

对保险顾问和保险公司来说，提供增值服务虽然增加了运营成本，但有助于形成良好的品牌效应，赢得客户信赖，提高保单继续率，降低综合费用率①，同时还有利于挖掘新的客户资源。

我在第二章提到过，布局大健康产业等非金融领域，可以帮

① 即费用率，指保险公司经营费用净支出与已赚保费之间的比率。增值服务虽然有运营成本，但可以有效降低理赔率，综合起来，费用率会比不提供增值服务低。

助保险公司获取资源整合优势，为客户提供更多、更好的增值服务，从而吸引更多客户，反过来赋能保险主业。目前国内多家保险公司，比如中国太平洋保险（集团）股份有限公司（下文简称"太保"）、平安、泰康等，都是这么做的。比如，太保布局大健康产业，制定了《2020—2025 年大健康发展规划》，积极推进互联网医疗、线下实体医疗、专业健康险公司以及健康产业基金这四个平台项目，试图打通"医、药、险"闭环。再比如，平安每年将营业收入的 1% 用于创新科技（医疗健康、智慧城市等领域）的研发。这些项目与技术有助于增强保险公司和保险产品的综合竞争力，吸引更多客户，从而促进保险主业的发展。

近年来，随着人口老龄化的加剧，大众越来越关注未来的养老问题，有些客户还会向我咨询："听说某家保险公司能提供养老社区服务，我要不要为了获得该服务去买份保险呢？"这说明保险客户在选择保险产品时，已经不再单单看中产品本身，还会注意产品背后的服务。

两大原则

每一份保单都会经历从感知期到服务期这一工作流程。保险顾问在具体操作的时候需要遵守两大原则：一是不可跳、不可省，二是流程不可逆。

第一个原则是不可跳、不可省，指的是保险顾问需要按步骤（感知期—兴趣期—决策期—服务期）循序渐进，不能跳过某个环节或省去某个环节。通常情况下，有的代理人会选择跳过或省略某个环节，是因为他们认为自己已经从客户那里得到了这样的明示或暗示：这个环节的任务已经基本完成了，不用麻烦了，往下推进吧。比如客户带着保险需求来找自己的代理人，指明要买某个产品，有的顾问就会觉得：好的，客户已经有需求了，那我就不用再做从感知期到兴趣期的引导工作了。但实际上，很多客户并不具备保险专业知识，他在未经引导的情况下产生的需求并不一定是准确的。因此，一名专业的保险顾问不应该对客户给出的信息照单全收、加速交易过程，而是应该按照规定的流程来逐步推进。

举个例子。如果第一次见面时，客户就主动说要买重疾险产品，这时保险顾问应该怎么办？直接跳到决策期吗？不，应该拒绝他。客户可能是因为身边人的介绍觉得这款产品不错，但其实对产品的具体信息，比如保障期限、理赔条件、增值服务等并不了解，甚至可能对自己真实的需求也不了解。比如，客户听朋友说某款重疾险产品价格很便宜，但并不知道它的保障期限只有1年，跟自己想要的长期保障并不匹配。而这时候，保险顾问可能也还不清楚客户的具体情况以及需求，根本无法判断这款产品是否真的适合他。如果就直接顺着客户的话头，把产品卖给对方，是很不负责任的，也会为未来埋下理赔隐患。

正确的做法应该是告诉客户："保险产品没有好坏之分，只有合不合适。我还不了解你，我对你的家庭情况也不了解，为了对你负责，我现在不能直接把这款产品卖给你。让我来从头了解下你的情况和需求吧。"

即使是给小姨、闺蜜这样的熟人销售常见的健康险产品，也不可以跳过感知期和兴趣期，直接卖产品。越是熟悉，你承担的责任也越重，绝对不能卖给对方一份他不需要的保险产品。按照流程跟步骤，不带任何感情色彩地去完成工作，才是专业，也才能进一步扭转大众对保险从业者"杀熟"的坏印象。

第二个原则是流程不可逆，意思是不能回头重复之前的某个环节。比如，到了决策期才发现之前对客户需求的挖掘不够充分，但即使这个失误阻碍了决策，保险顾问也不能从决策期倒回兴趣期，再去挖掘一遍。

为什么呢？因为在这整个流程中，客户的购买心理有一个从感性向理性的转变：当客户处于感知期和兴趣期的时候，他对"买保险"这件事是感性的认知，可一旦到决策期，他就很理性了，开始考虑保费、条款等事宜。在这个阶段，如果保险顾问没有及时给客户提供合适的产品跟服务，而是重复之前的行为，又开始问他的需求，客户很容易对顾问的专业度产生怀疑，信任关系也不再坚固，这单交易说不定就这么黄了。

比如，经过前期的工作流程，客户已经逐渐意识到买年金险的重要性，进入了决策期，但因为觉得推荐的产品收益有些低，下不了决定，来来回回犹豫了小半个多月。这时，如果保险顾问等不及，怕客户再犹豫下去对买保险的热情就散了，干脆转而推荐收益高但风险也更高的投资连结保险（下文简称"投连险"）产品，就相当于推翻了自己原先的规划理念，自我否定了。同时，客户也会因此怀疑你的专业度：如果这个更好，收益更高，风险也符合我的预期，为什么不一开始就推荐给我呢？既然现在才告诉我，会不会它其实并不适合我，对我来说风险太高了，但你为了让我掏钱，就隐瞒了一些信息，告诉我这款也合适？

所以，流程不可逆。这时候，正确的做法是根据客户的具体疑问给出有针对性的答复或解决方案。就收益低这个点，你可以告诉客户："我知道你其实对这款产品很感兴趣，只是对收益有些不满意，所以一直拿不定主意。我们不妨先投保，先拥有这笔投资，把利率锁定。在保单正式生效前，你有10天的时间可以再权衡一下，如果还是觉得不合适，我可以帮你办理退保，不会扣你任何费用。这样，不管最后买不买，也就犹豫这10天，不会耽误你太多精力。"如果客户依然很犹豫，你还可以结合当下的投资环境，比如低利率时代等，让客户意识到，为未来锁定一笔确定收益的紧迫性，越早下单越好。因为从长期来看，银行利率会持续走低，那么拖得越久，保险公司可承诺的利率可能也会下降，客户能获得的收益将随之减少。

因此，从感知期到服务期的营销流程是不可逆的，这也意味着保险顾问不能为了成交，在前期推动的过程中就随便应付工作。

以上就是顾问式营销的大致流程跟原则，也是当下保险顾问完成任一保单都需要遵循的行动指南。一套流程下来，涉及的动作和要点很多，总结起来，主要有三类技能：了解客户、风险管理以及理赔协同。

了解客户

我之前和中国著名商业顾问、得到 App 课程"商业通识 30 讲"主理人刘润探讨过保险的话题，他非常有风险管理意识，也购置了很多保险产品来防范家庭风险。在交谈中有一段对话，让我印象极为深刻。

我问他："您希望什么样的保险顾问为您提供服务呢？"

他说："专业的。"

"怎样才算专业？"

"懂我的！"

可能大多数人会觉得，专业是要懂保险、懂产品、懂条款，甚至是懂金融，但其实这些只是职业范畴的知识，作为保险顾问，了解这些知识是你从事这份职业的必备要素。而我对专业的认识，跟刘润一样，是要懂客户，具体来说，是能发现客户的问题并解决它，这是一切保险服务的起点。

保险属于服务行业里的金融分支，因此服务属性在前，金融属性在后，要以客户的体验为先。从事金融服务的专业人士应该深刻地认识到，不同于机构投资或机构理财，个人客户（包括企业主客户）投资和理财更强调"人"的属性，收入水平、家庭结构、性格、兴趣爱好，都是影响客户做出购买决策的重要因素。从业者不是要把一个产品卖给一万个客户，而是应当把一个投资策略、投资组合卖给一个客户。

那怎么才能更好、更深入地了解客户呢？我们可以借助 KYC（Know Your Customer，即了解你的客户），它是金融从业者深度分析客户需求、应对客户需求变化的重要手段，具体包括三个部分：信息搜集、定位需求和匹配逻辑。

信息搜集

一般来说，保险客户的信息主要由个人基础信息、生活习惯信息以及家庭财务信息这三部分组成，包括姓名、性别、年龄、职业、家庭结构、收入水平、学历、资产情况、风险偏好、兴趣爱好等，越全越好。这些信息可以帮助保险顾问更深入地了解客户的核心需求，提高保单成交率。

但我要提醒你的是，千万不要寄希望于"你问啥，客户回答啥"。现在的客户，尤其是中高净值客户，很重视个人隐私，很少会主动对他人透露自己的信息，尤其是对那些要借助这些信息做买卖的中间人。当然，一些非常基础的信息，比如姓名、性别、年龄、职业、学历等信息，客户并不敏感，可以直接询问。那其他信息可以怎么来获取呢？

在跟客户正式见面前，我建议保险顾问先对客户进行一番

"背景调查"，尽可能多地收集对方的信息，找到共同话题，为正式见面做足准备。背景调查可以通过第三方工具、转介绍人、社交软件这三个渠道来了解。

第三方工具，比如手机里的企查查、天眼查、脉脉等 App，它们能方便我们了解客户的企业信息和职业信息。假设你的客户是一位企业主或公司高管，比较容易在这些软件中查到他的公司情况、基本简历、毕业院校、人脉关系，甚至是资产状况。我听过这样一个案例，保险顾问 A 有位在北京开餐馆的客户小刘，为了了解更多信息，A 就去大众点评搜索这家餐馆，发现店铺详情页没有宣传视频。而根据 A 以往的经验及调查，有视频宣传的餐馆更能吸引顾客，甚至有的人会因为视频做得好想下一单吃吃看。于是，A 就借助自己的人脉帮小刘的餐馆拍了一条视频，果然增加了餐馆的页面浏览量。借此，他很快就收获了小刘的好感，拉近了跟对方的关系。

如果你的客户是别人介绍的，那在接触客户初期，不妨多问问你们的中间人，他掌握着比你更多的关于该客户的信息。你可以向他询问客户的职业、家庭状况、兴趣爱好等基础信息。

社交平台，比如微信朋友圈、微博、抖音等，也是了解客户的重要渠道，尤其适合用来了解客户的生活习惯。在大数据时代，每个人多多少少都会在互联网上留下"蛛丝马迹"。通过客户发布在社交媒体上的状态，我们可以了解、推测他平时的兴趣、爱好以及价值观。另外，还可以查看粉丝、朋友对客户的评价，从而了解客户的个人品行及社交圈子。比如通过浏览客户的微博，发现他非常喜欢看刘德华的电影，那下次见面时，就可以以刘德华为话题来破冰。

我一般会根据具体情况，把这三个方法或其中的两个搭配起来用，这样效果会更好。之前经过朋友转介绍，我认识了一位客户。他曾经担任招商银行北京分行的高管，后来辞职自主创业，成立了一家私募基金，恰好和我一样都是在金融领域创业，有一些和我类似的创业经历。在正式见面前，我先通过中间人详细了解了他之前的工作经历、现在大概的资产规模等，然后加了他的微信。接着，我翻阅了他的朋友圈，发现他特别喜欢踢足球，偶像是罗伯托·巴乔（Roberto Baggio），恰好我也是。

到这一步，我已经找到了我跟他的两个共同点，一是都有足球的爱好，二是同样处于创业阶段。于是，之后聊天的时候，我就特意跟他聊起了足球的话题，还给他看了我收藏的罗伯托·巴乔的签名球衣。我们的关系一下子就拉近了，迅速完成了破冰任务。趁聊得愉快，我跟他约好有机会去他的公司参观，交流一下创业经验。

同时，根据他创业者的这个身份，我迅速把他归入了中高端客户行列，推测他可能存在资产配置，以及隔离企业与家庭资产的需求。当然，仅凭这些信息并不能准确地定位他的需求，但这可以为日后的沟通打下良好的基础。果不其然，在聊天搜集信息的时候，我准确地切中了他的心理需求，很快就获得了他的信任，接下来的推进自然十分顺利。

背景调查，一方面可以让我们对客户的情况有个基本的了解，另一方面也能帮助我们在短时间内跟客户建立起联系。一般来说，通过背景调查了解到的客户信息都不会涉及客户的隐私，比如婚姻状况、工资收入等。如果需要了解这类信息，注意千万不要向中间人打听，而是要通过和客户的正式沟通获得。其中的技巧很难总结归纳，得根据沟通的具体氛围、跟客户的关系、客户本身的情况等来具体选择。总之，尺度很重要，不能因为着急获取信息就急于求成，甚至因此失去客户的信任。

这之后，就是正式见面了，保险顾问需要通过有效提问，引导客户分享更多个人情况，让其暴露并发现自己的保险需求。

有效提问有两种提问方式：开放式提问和封闭式提问。开放式提问是指问题和答案都不设限，完全放开，启发客户主动聊自己的经历，保险顾问从中收集信息。但是，也不能一直天南海北地聊，要逐渐将提问的范围收缩到保险需求上，要将聊天一步步引导到你想和客户聊的话题上。

比如，如果你想让客户了解到商业养老保险的必要性，可以问对方："最近网络上热议延迟退休到 65 岁的事，这件事你怎么看呀？"这个问题和客户的个人信息毫不相关，也不带一点儿销售倾向，客户一般来说是会愿意接着话题继续聊的。而保险顾问就可以从他的回答里，去挖掘、分析他的养老需求和养老准备工作。

跟你分享三个我常用的技巧。第一，当客户不愿意讲自己的经历时，可以讲讲身边的案例，比如"我身边有一位朋友／客户，和您情况类似，他遇到了一个问题……"当发现别人跟自己有相似的情况时，客户的好奇心很容易被激发，从而打开话匣子。第二，可以讲讲自己，比如"好羡慕您现在的状态，我最近可焦虑了，一想到养老头就疼，总觉得应该开始做准备了，再晚就来不及了"。先做到对客户坦诚，再期待对方的坦诚相待。第三，讲讲新闻和热点话题，就像前面提到的那个例子一样，用网上热议的延迟退休来开启话题。

那开放式提问适用于哪些场景呢？第一个是跟客户的关系加温期间，保险顾问如果想和客户建立信任，就可以用开放式提问来启发客户多说话，因为当客户愿意向你倾诉自己的生活烦恼时，就意味着他开始慢慢放下对你的戒备心了；第二个是挖掘客户的兴趣点和需求点时，因为客户往往只有在自然、轻松的状态下才会讲真实想法，而开放式提问正好可以帮助营造轻松氛围。

在这两个场景中，保险顾问都要做到虚心请教、认同鼓励。比如，你可以说："听说您特别会教育孩子，您对孩子的未来是怎么规划的，我想学习一下""您的创业故事真是跌宕起伏，我也在创业／打算创业，也遇到了困难，能给我分享一些您的创业故事吗？"客户讲得越多，尤其是分享的事业和生活上的苦难越多，就说明对你越信任，你能收集的信息也就随之增多了。

记住，开放式提问的目的是建立信任、启发需求，不要在每一次的开放式提问中都导入保险产品和理念。当客户发现你和他的聊天没有目的性时，他对你才不会设防。等信任关系逐渐建立起来后，我们再把提问导入保险领域。

这时候，我们就该使用封闭式提问了，在一定范围内提问或者提前预设好答案，启发、引导客户按你的方向去回答。比如，"我特别认可您刚才说的养老问题，那您都做了哪些养老准备措施呢？"这个问题就把话题收缩了，不再是开放地讨论怎么看待养老，而是缩小到养老准备措施范围内。客户的回答你基本都能预估，他大概会说准备了社保、储蓄、房租等，那你就可以提前准备一下怎么把话题从这些回答导向保险产品。

在了解到客户的保险意愿后，我们还可以用封闭式提问来引导决策。比如可以问对方："您认为准备 500 万养老资产够吗？要达到这个数额，您是准备每年往银行账户里打一笔钱呢，还是准备给自己做一个年金定投计划？"这时如果客户回答储蓄，那你可以详细讲一下储蓄的优点和缺点。比如储蓄不错，中国人很喜欢用储蓄来解决养老问题，它比较灵活，能随取随用。但可能会出现储蓄的钱会被其他生活需求占用的情况，比如看病、消费等，而且，银行利率越来越低，储蓄抵抗通货膨胀的能力偏弱。当然，具体跟客户沟通的时候，话术不用和我说的一样，也可以再口语、再直白一些。如果客户在了解到用储蓄来养老的优缺点后，开始对自己的选择表示担心，这时，就是你给他介绍保险的好时机。

注意，封闭式提问有一个副作用，就是很容易给客户带来压力感，因为一般都是二选一嘛，而且很具体。所以，我建议不要连续提出封闭式问题，不要让客户觉得你营销保险的目的性太强，最好是在沟通过程中多采用开放式问题，适时加入几个封闭式问题，让谈话的氛围保持轻松和谐的状态。

总的来说，封闭式提问的目的是了解客户具体在哪些人生事件上需要保险规划，从而导入保险理念。走完背景调查和提问的全部过程，保险顾问基本上就能掌握客户的个人基础信息、生活习惯信息以及家庭财务信息。

定位需求

收集完信息后，我们就可以开始定位对方有哪些保险需求了，这是 KYC 手段的第二部分。一般来讲，客户对保险的需求按优先级可以分为三类：普适需求、个性需求、特殊需求。

普适需求是所有客户都具有的基本需求，包括对冲风险和保值增值两种。对冲风险指的是，在某事件发生后获得一笔补偿。比如，客户害怕自己以后患重大疾病没有足够的钱治病，于是购买重疾险，这样，只要重大疾病发生在合同有效期内，客户就能得到赔付。保值增值，是指达到某个时间或发生某事件而获得的收益。比如，客户手里有一笔钱想用于孩子教育和养老，或者担心通货膨胀会贬值，就去找顾问买了年金保险，商定 10 年后或者到自己退休时领取这笔钱，以实现保值增值的目的。

个性需求是一般中高净值客户在普适需求的基础上，对资产配置的需求，也就是常说的理财。中高净值客户在投资时，通常会把资金分配到不同种类的资产上，比如银行存款、国债、股票、债券、不动产、保险等，目的是通过资产配置将投资风险降至最低，获取理想回报。其中的保险，因兼具收益性和安全性，往往被选来作为家庭资产配置中的底层资产（即家庭资产的基石，用于基本生活保障和风险防范）。

特殊需求主要针对企业主客户和富豪家庭，他们往往有资产保全和资产传承的需求。如果面对的客户是创业公司的合伙人之一，或者是家族企业的管理人员，那他们往往会担心因企业经营问题导致家庭资产受损，资产保全的需求相对更大。而有资产传承需求的客户，一般来说年纪比较大、家庭结构相对复杂，或者是多子女家庭等，因为这样的客户会很希望把自己的财富明确且顺利地传承给后代。

至于如何具体定位客户的需求，其实只要你对各类需求的情况比较了解，一般在做好信息搜集后，你就能看到客户的需求，不需要再额外花时间和精力去分析、推断。举个例子，如果你的客户是位宝妈，孩子刚出生不久，朋友圈发布的内容大多跟孩子有关，在和你的谈话中透露的也更多是对孩子健康的担忧，那你基本上就可以定位她的需求是普世需求中的对冲风险，希望给孩子一份保障。如果在这个基础上，她还聊到了对孩子教育的规划，希望孩子未来可以出国留学。考虑到这个需求的主要目的是实现专款专用，不属于以获取收益为目标的个性需求，所以可以确定，在对冲风险之外，这位宝妈还有一层保值增值的需求，保证未来有一笔钱能覆盖孩子出国的费用。

匹配逻辑

需求确定后，就要开始匹配逻辑了，也就是要在和客户的后续沟通中把话题范围缩小到具体的需求和解决办法上。匹配逻辑的选择依据，是前一步定位好的客户需求。

如果定位的是普世需求，包括对冲风险和保值增值，那保险顾问在后期沟通和定制方案时的逻辑就应该是"保险规划"。但即便是普世需求，也不意味着可以用同样的产品去满足相似的需求。比如，企业主 A 和大学刚毕业的年轻人 B，他们都有对冲风险的需求，希望购买一份重疾险来预防疾病带来的经济危机。但因为经济水平和对医疗资源的诉求不同，他们对重疾险的具体需求是不一样的。年轻人 B 可能认为 30 万保额、消费型 [①] 的重疾险就足够了，这也不会给刚工作的自己带来太大的经济压力。这样的产品，企业主往往不会选择，A 可能认为保额上百万才能弥补重疾带来的损失，而且自己也完全能负担相应的保费。所以，我用的词是"规划"，而不是"销售"，我们得根据不同客户的情况来针

---

① 客户与保险公司签订消费型保险合同，意味着在约定时间内如果发生合同约定的保险事故，保险公司需要履行赔偿或给付保险金的合同义务；如在约定时间内未发生保险事故，保险公司不返还所交保费。

03 基础技能篇：保险营销 | 111

对性地定制保险方案。

在具体匹配的时候，之前了解到的客户信息跟需求可能会有些不够用，保险顾问通常还需要去做进一步的挖掘。比如说客户的需求是对冲风险，那在沟通中，保险顾问不仅需要向客户传达风险管理的意义、保险在对冲风险方面的优势，还得深入了解客户目前担心的风险具体是什么、准备为该风险投入多少资金、风险发生后希望获得多少补偿，等等。如果客户的需求是保值增值，那沟通时则需要聚焦到客户是为养老、教育问题考虑，还是单纯的理财需求，聚焦之后再确定客户预期的未来教育 / 养老支出、收益率等。这些信息是保险顾问日后为客户规划和定制保险方案的基础。

比如我有位客户，她 56 岁，是一名公务员，丈夫去世很多年了，女儿在国外定居。经过前期了解，我还知道客户有 4 套房和 1 套旅居房产，银行活期账户里有 300 万现金，厌恶投资，讨厌风险，平时喜欢旅游、摄影，她目前唯一担心的是货币贬值。通过这些信息，我基本可以定位她的需求是普适需求中的保值增值。在匹配环节，我又进一步了解了客户对通货膨胀、银行储蓄和其他金融资产的看法。我通过 "72 法则" [①] 帮她计算了货币购买力减半的速度，让她意识到通货膨胀的严重性和银行储蓄的不足，愿意关注一下其他的金融资产。因为她本身是厌恶风险的，那保险

---

① "72 法则"，常用来估计货币购买力减半所需的时间。如果通货膨胀率为 3.5%，根据 "72 法则"，每单位货币购买力减半的时间就应该为 72/3.5≈21 年。

就很有可能成为她的新选择。

除了"保险规划"，还有一种匹配逻辑——"财务规划"，它针对的是资产配置的个性需求，以及资产保全与传承的特殊需求。

比如，有资产配置需求的客户来找保险顾问，他并不只是想来了解一下在理财投资方面，保险可以为自己做点儿什么。事实上，客户是想让保险顾问这个专业人士，来帮自己重新检查一下，目前自己所持的资产状况和资产配置结构是否合理。如果不合理，客户的需求就出来了，希望保险顾问可以通过配置保险或其他金融工具，来帮自己把资产状况和资产结构调至合理状态。至于资产保全和传承，则更加复杂，需要在匹配阶段挖掘的新信息也更多，具体得看客户的情况和需求，本书就不具体罗列了。

从客户画像到定位需求，再到匹配逻辑，KYC 的这套流程贯穿了感知期、兴趣期和决策期这三个环节，可以帮助你全方位了解客户，从而更好地解决他们的问题，同时也为售后服务打好基础。交易只有建立在了解的基础上才会成功，也才会为保险顾问带来最大的收益——不仅仅可以赚取某一份保单的分成，更能借此收获一个长期稳定的客源，甚至有可能通过客户的转介绍获取更多潜在客户。

风险管理

保险顾问作为一个中间人，他的风险管理是为两端服务的：客户和保险公司。

客户：风险保障 + 最优承保条件

为客户做好风险管理，这个好理解。保险顾问利用自己的专业能力，帮助客户用最具性价比的方式获得保险保障和服务，帮他管理自身的风险，比如人身上的生老病死、财产上的资产安全，甚至是财富传承等。

这种风险管理对客户来说有两个意义。一是让客户心理上感到安全，风险已经通过保险工具得到分散或转移，他不用担心万一风险真的发生了，自己准备不足，惊慌失措。二是让客户拥有了一个经济上的保障，在风险发生时可以得到一笔赔付来覆盖他的损失。

但是要注意，为客户做风险管理并不意味着要毫无底线地为客户争取顺利承保。有的保险顾问为了某一单的成交，即便客户自身情况不满足标准体①承保，也会努力帮客户隐瞒情况来通过保险公司的审核。这种行为完全不可取，很容易导致理赔纠纷，给客户和保险公司双方都带来麻烦。

---

① 标准体是指身体健康的被保险人。针对这样的客户，保险公司可以不附加任何额外条件（加费或除外责任等），按照标准费率来为其承保。

　　理想状态下，保险行业应该遵循"严进宽出"的理念。"进"是指核保，"出"是指核赔，合起来的意思是：保险公司于承保前对保险标的（保险保障对象）进行风险评估，确定是否为可保风险，并严格控制承保条件及保险费率；承保后，一旦客户发生保险事故，在核赔、理赔环节，保险公司应该给以较为宽松的标准，使客户得到较为满意的结果。

　　但实际的核保并没有很严格。这是因为如果保险公司对每位客户都实行严格核保，所需的调查成本会非常高。为了平衡收支，这些成本通常会被添加到保费中，导致保费上涨，这对客户来说是不利的，同时也会影响保单的成交。所以，保险公司在核保的时候，并不会严格调查每位客户的健康状况，而是会通过让客户填写健康告知书和询问相关问题的方式来了解情况，并以此作为核保的主要依据。客户在提供自己的信息时，应该遵循《中华人民共和国保险法》（下文简称"《保险法》"）的规定——"保险活动当事人行使权利、履行义务应当遵循诚实信用原则。"这也是我们常说的"最大诚信原则"：客户应该真诚地向保险公司充分而准确地告知有关保险的所有重要事实，不允许存在任何虚假、欺骗、隐瞒行为。

　　但这种原则存在很大的主观性和操作空间，如果客户存在侥幸心理，或者保险顾问明知客户的情况不符合承保要求，比如有高血压、糖尿病等病史，却依然帮客户隐瞒，做到标准体投保，那发生理赔纠纷的可能性就很高。一旦出现纠纷，保险顾问之前的隐瞒行为就既损害了保险公司的利益，也会使客户拿不到赔偿，同时还让自己失去了客户的信任。要知道，理赔时客户可不会因为你当初无原则帮他投保而不追究你的责任。

但如果客户只是有一些影响很小的问题，那保险顾问自然应该帮助他们争取最优承保条件。在这里，我分享三个在实际工作中常遇到的可以争取最优承保条件的场景。

场景一：客户因医保卡的购药记录导致不能标准体承保。

社保或新型农村合作医疗是保险公司查询客户既往病历的重要途径，如果客户的医保卡里出现易被拒保的购药记录，比如治疗"三高"的药物，不管是自己购买的还是外借医保卡给别人购买的，都可能导致客户无法实现标准体承保。即便运气好，碰到了核保不太严格或规定比较宽松的公司，顺利承保了，如果未来患病需要理赔，而保险公司调查发现医保卡的购药记录恰好与理赔时的疾病存在相关性，公司很大概率也会认定被保险人存在恶意隐瞒情况。

遇到这种情况，保险顾问可以向客户详细了解购药的缘由，查看客户有没有体检报告等资料来证明自己在投保时并未患有跟所购药品相关的疾病，然后与公司的核保部门沟通，尽量争取标准体承保。如不能，可通过增加保费或将相关疾病列为除外责任来实现承保。同时，保险顾问还需要嘱咐客户，以后尽量不要将医保卡外借或用来给其他人买药。

举个例子，我的投资顾问团队之前遇到过一位客户 W 先生，他想买重疾险。在和他沟通的过程中，他说在去年用社保买过一次治疗高血压的药，但不是因为他患有高血压，而是那段时间他因为家里的某些事情情绪波动比较大、血压有点高。如果保险顾问不去仔细询问缘由，直接把"买过高血压药"这个信息报给核保部门，那极有可能会导致客户被拒保或者加费承保。而我们的做法，则是在投保时注明他买药这个行为的前因后果，并和核保人员沟通，确保对方知道投保人的全部情况。最后，我们成功帮助投保人实现了标准体投保。

场景二：客户因确实存在的健康异常导致不能标准体承保。

有些健康异常可能是近期不良生活习惯导致的临时症状，或者是医生认为的轻微的问题，比如亚健康、肥胖、脂肪肝、甲状腺结节、乳腺结节等。它们对个人正常生活、工作不会有太大影响，却很可能会直接影响到客户的正常投保，需要客户做出加费、除外责任、延期承保等额外承诺。这种情况下，如果是因生活习惯造成的异常，保险顾问可以建议客户调整生活习惯，等身体回归到健康状态后再投保；如果是像甲状腺结节和乳腺结节之类的问题，保险顾问一要建议客户去医院做详细检查，二要根据客户的详细病情，在众多产品中为其找到可以实现最优承保的那一个。

比如，L女士在公司安排的体检中查出有乳腺结节，但并没有去医院做进一步的检查。因为有些担心，她想先投保一份重疾险，保证患病后有一笔治疗费用，于是她找到了我的投资顾问团队。根据调研，我们了解到，在这种情况下，保险公司大多会把由乳腺结节引发的重大疾病列为除外责任，但如果结节在 2 级以下，个别公司是可以把 L 女士当作标准体来承保的。所以，我的团队就建议她先去医院做一下检查，看看情况。幸运的是，L 女士的结节恰好在 2 级以下，有机会争取标准体承保。最后，经过反复对比，我们找到了一款最合适她的产品，满足了 L 女士的保险需求。

场景三：客户想购买高保额产品却担心自己的健康情况会影响承保。

一般对于想购买高保额产品的客户，保险公司都会要求对方先体检，以防出现道德风险和逆选择。如果体检查出客户身体有问题，公司往往会要求增加保费或直接拒保。面对这种情况，保险顾问可以帮客户规划方案，拆分保额，进行分段投保，在实现基本风险保障的基础上尽量满足客户对总保额的需求。

比如，大多数保险公司都规定，重疾险的保额如果超过 50 万，客户就需要在投保前进行体检。要是客户小刘来找你，说："我想买份保额在 100 万元左右的重疾险，但我身材偏胖，担心自己在体检时会查出一些小的健康指标异常，那就得增加保费才能投保成功，不知道你有没有什么建议？"这时候，保险顾问可以帮客户进行分段投保：先投保 50 万保额的重疾险，这是不需要体检的，等观察期[①]结束、第一份保单的保险责任正式生效后，再协

---

① 观察期，是指合同成立后到保险责任生效前的这段时期。在观察期内发生的事故，保险人不负责赔偿。观察期条款是健康保险合同特有的条款，之所以设置观察期，是为了防止被保险人为获取保险金而带病投保。

助客户补齐另外 50 万保额。当然，补保时很可能会遇到要求体检的情况，但不要担心。即便查出了健康问题，需要加费才能承保，或是直接被拒保了，也不会影响到之前购买的那份 50 万保额的产品。也就是说，客户至少能获得一份标准体承保。

可能你会疑惑：这样做不会损害保险公司的利益吗？当然不会。这属于合理利用规则，只要保险客户的行为符合保险合同规定的义务就行。比如小刘虽然可能存在健康问题，但目前没有医院的诊断可以证明小刘确实存在健康指标异常。保险公司也规定了 50 万保额的保险可以免体检，不需要客户去医院确定自己到底有没有健康问题。这意味着即使身体有些小问题，但只要目前健康指标在保险公司的核保范围内，就可以投保。同时，小刘在回答健康告知时，如实回答了自己目前没有患病，符合如实告知原则。也就是说，小刘的行为符合保险合同规定的义务，不会损害保险公司的利益。同时，只要小刘在观察期内没有发生保险合同中规定的事故，他的保单就是有效的。

所以，保险顾问为客户做好风险管理，不仅是要帮客户获得应对人身、财产等风险的保障，更是要利用自己的专业能力尽量为客户争取最优承保条件。

公司：第一核保员

保险公司在经营过程中主要会面临两种风险：承保风险和投资风险，而涉及保险顾问的是承保风险。简单来说，保险公司是集散风险的中介，它通过收取保险费分散风险。

风险，对单个组织或个人来说具有偶然性，但对整个社会而言却是必然的。比如，不是每套房子都会遭遇火灾，但对一个城市、一个国家来说，几乎每年都会发生火灾，总有因火灾而有所损失的主体。于是，保险公司就将众多可能遭受相同风险的被保险人集合起来，通过收取保费建立保险基金，来分摊少数被保险人会遭受到的损失，以达到分散风险的目的。

这是保险产品的核心逻辑。但这么一来，客户的风险损失概率，就相当于都集中在了保险公司身上。所以，保险公司在承保环节，会对可保的风险、保费精算、被保险人的情况等因素进行严格的限制。一旦放宽，就可能会出现第一章讲到的逆选择和道德风险，给公司带来财务亏损。即便保险公司是集散风险的机构，它也不愿意把自己放在风险的边缘。

那如此重要的核保工作，是谁在负责呢？当然，每个公司都有专业的核保员。但从工作流程上看，核保员并不直接与每位保险客户联系，除非公司愿意增加薪酬让他们多干一点儿活。即便如此，也不能奢望核保员对每位客户都进行深入调查，毕竟，没有公司愿意承担这样高的成本。

因此，保险公司会先派保险顾问去了解一下情况，把一些明显不适合投保的人排除在外。比如，面对患有重度高血压的客户，保险顾问就要在第一时间把他排除在重疾险保险对象的范围之外。因为重度高血压会导致一系列并发症，对于保险公司来说，理赔风险太大了。

同时，也只有把这些风险发生概率大的保险客户排斥在可保范围之外，才能保证对健康客户的公平。什么意思？保险遵循大数法则，发病概率是其制定费率的重要依据之一。原则上，参保的客户都是标准体，如果有非标准体人群，那该客户一定与保险公司协商了加费或除外责任，以此保证实际发病率和保险公司的理赔情况都能控制在预期范围内。

但要是没有保险顾问去筛选，专业核保员也没去调查，只是评估交上来的材料，那就很可能存在很多客户隐瞒病情，与标准体一样承保的情况。这会导致该疾病的发病率增高，保险公司需要给付的保险金超过预期，到下一年，保险公司就有可能通过增加保费来保障自己的利益。由于公司并不知道、也无法在这时候准确辨别谁是标准体、谁不是，所以只能一视同仁，让所有参保的人都多交保费，这自然就损害了标准体的利益。类似的事情多了，标准体可能就不会再信任这家保险公司，也不会考虑购买该公司的其他产品了。更麻烦的是，公司的名声可能会因此受到影响，以后的生意就难做了。

因为保险顾问是核保的第一道门槛，而且是非常重要的门槛，所以我们一般把保险顾问叫作第一核保员。想做好这个第一核保员可不容易，不但要熟知所在保险公司的核保规则，以及人体各项健康指标（如血糖、血脂、体重指数、结节大小、结节位置等）对核保的影响，同时还要和核保部门的人员保持良好的沟通。

理赔协同

理赔协同包括两种情况，一是无争议理赔，二是争议理赔。应对不同的情况，保险顾问需要采取不同的解决策略。

无争议理赔

无争议理赔，指的是被保险人出现保险合同规定的情况，并提供相关理赔资料，保险公司审核无误，按合同规定支付保险金，理赔过程没有任何争议。这种情况下，保险顾问需要做的工作不多，主要是一些协助工作，包括协助报案、协助资料收集以及监督保险公司理赔。

协助报案，是指保险事故发生后，保险顾问应及时通知保险公司，重点同步以下信息：被保险人姓名、身份证号码，事故的发生时间、原因、损害状况、现状，被保险人或受益人的联络方式。在这一环节，要注意保险合同里注明的出险报案时间。比如，有些车险在合同里会规定出险后 48 小时内必须报案，否则保险公司可以不予理赔。毕竟时间一长，就很难复原风险发生的实际情况了，可能会缺少证明该事故符合保险事故的相关证据。遇到有时间限制的情况，保险顾问在客户发生风险后，需要尽快联系保险公司报案，不要超过规定的期限。

协助资料收集，指的是报案后，保险公司的理赔客服会给客户发送一个理赔指引，告知理赔应该准备哪些材料、材料提交的截止日期是哪天等。在这一环节，保险顾问要注意提醒客户保存好所有单据，比如处方药的药方、住院记录、结算单等，这些都是保险公司给付保险金的依据。

监督保险公司理赔，是指在收到客户提交的资料后，保险公司会进入理赔审核阶段，主要是审核保险合同的有效性、出险事故、理赔材料的完整性和真实性等。在这个环节，保险顾问可以帮助客户在法律允许的范围之内去监督、催促保险公司尽快完成理赔。①

举个我朋友的例子，他之前处理过一个儿童重疾险的理赔案例。2020年的上半年，一对夫妻给刚出生不久的孩子投保了重疾险。同年底，孩子就生了病，鼻子里长了个肿物。这对夫妻第一时间就联系了我朋友。我朋友了解了大致情况后，立马开始查看保险公司指定的医院有哪些，然后建议他们去指定医院做检查，并保留好所有的单据。最终，医院检查出孩子是患了罕见恶性肿瘤，给的医疗方案是手术切除。收到这对夫妻同步的确诊信息后，我朋友就及时向保险公司报了案，并在手术后将客户的理赔资料提交给保险公司申请理赔。

---

① 《保险法》第二十三条规定："保险人收到被保险人或者受益人的赔偿或者给付保险金的请求后，应当及时作出核定；情形复杂的，应当在三十日内作出核定，但合同另有约定的除外。保险人应当将核定结果通知被保险人或者受益人；对属于保险责任的，在与被保险人或者受益人达成赔偿或者给付保险金的协议后十日内，履行赔偿或者给付保险金义务。保险合同对赔偿或者给付保险金的期限有约定的，保险人应当按照约定履行赔偿或者给付保险金义务。"

但因为此时距离买保险还不满一年，保险公司需要通过调查来确定是否可以理赔。这时，我朋友就交代这对夫妻要如实回答调查人员提出的问题，但也要注意不提及"先天性""遗传病史"等与孩子病情不相关的敏感字眼，避免引起不必要的误会。与此同时，公司因为在年底收到了大量理赔案件，就告知我朋友不确定能在春节前处理完该客户的理赔。于是，我朋友就开启了一天一催的模式，最终赶在春节前将理赔款打到了这对夫妻的账户上。

一般来说，只要环节没遗漏、资料没问题，无争议理赔处理起来并不困难。当然，我建议在力所能及的前提下，可以像我这位朋友一样，多站在客户的角度帮他们规避一些不必要的麻烦，同时督促保险公司尽快办理。这可以给客户留下好的印象，为后续的产品销售和服务打下坚实的信任基础。

争议理赔

争议理赔，是指客户与保险公司出现理赔纠纷，保险顾问需要代表客户去与保险公司沟通，最大限度地争取融通赔付[①]。

如果在投保环节，客户在保险顾问的指导下，按规定完成审核后承保，一般理赔不会出现问题。但也有例外，一种情况是风

---

① 融通赔付：是指保险公司根据保险合同的约定，本不应该完全承担赔付责任，但仍赔付全部或部分保险金的行为。融通赔付不是无原则的随意赔付，而是对保险损失补偿原则的灵活运用。

险事件与合同条款不完全相符，另一种情况是保险客户和保险公司都有相应条款支持。这些都会导致保险客户和保险公司在维护各自权益的时候，出现理赔的"灰色区间"，不能完全确定责任方，从而导致理赔纠纷。

举个例子。2018 年，客户小刘在出国务工前买了份意外险，后来在国外工作时，因蚊虫叮咬出现恶心、呕吐、发烧等症状被送入医院进行治疗，随后病情迅速恶化，很快就去世了。医院诊断的死因是：急性疟疾，严重脑水肿。在他的家人申请理赔时，保险公司认为因疟疾死亡属于因疾病死亡，并不符合意外险的合同条款——意外仅包括外来的、突发的、非本意的、非疾病的客观事件——拒绝赔付。但小刘的家人却认为，小刘去世是由蚊虫叮咬导致的，属于意外，保险公司应该赔付。因此，小刘家人和保险公司之间就产生了理赔纠纷。

小刘的保险顾问很称职，工作也很认真，为了争取赔付，他重新整理了小刘的病情信息，从病历、死亡医学报告、调查报告、验尸报告等信息中找到了一条完整的证据链，成功证明小刘死亡的直接原因是蚊虫叮咬传播了病毒，患疟疾只是病毒进入体内引起的后果。由于保险适用近因原则[1]，导致小刘身故的直接原因是蚊虫叮咬，而蚊虫叮咬是外来的、突发的、非本意的、非疾病的

---

[1] 近因，是指在造成损失的所有原因中起决定作用的那一个。近因原则，则是指近因属于保险责任的，保险人应承担损失赔偿责任，近因不属于保险责任的，保险人不负赔偿责任。

客观事件，所以他的死亡情况符合保险约定的意外身故情形。最终，保险公司履行了赔付责任。

再来看一个客户和保险公司都有相应条款支持的例子。李先生多年前购买了一份住院医疗保险，保障期内，他因打鼾严重到医院就诊，被诊断为鼾症，需要住院进行手术治疗。出院后，他向保险公司申请理赔，但保险公司根据病历中"睡眠打鼾 4 年余，加重 2 个月"这一条描述，认为这是在保险合同生效之前就患有的疾病，不予赔付。因为合同里明确规定了，对于"被保险人在合同生效前已遭受的意外伤害、已患未治愈疾病或已有残疾的治疗"，保险公司不负责任。

但李先生的保险顾问却提出了异议。他认为，从字面上理解，已患未治愈疾病是指在医院进行过诊断，明确是一种疾病，然后进行治疗但没治愈的。但一般来说，大家不会认为打鼾是一种疾病。如果保险公司认为是，那应该由保险公司来举证，证明打鼾是疾病并且客户曾经在医院由医生诊断过此病。事实上，很多人都有打鼾的症状，扁桃体过大、舌部过大或者过度饮酒都会导致打鼾，所以不能认为打鼾是一种疾病，客户的这次就医也不应该归入责任免除的范围。李先生的顾问以此为依据，向保险公司提交了复议申请，经过商讨，最终公司同意按照保险合同的约定给予赔付。

当然，在维护客户的利益，代表客户去和公司沟通的同时，保险顾问也要如实反映客户投保时的情况，避免保险公司给不符合条件的客户赔付，维护保险公司的利益。

新人必备的三大习惯

保险工作的基本流程其实并不复杂，一般旁观几次，再上手操作一两次，就能掌握得差不多。其中比较难的，就是上文介绍的了解客户、风险管理和理赔协同这三部分。当然，除了我跟你们分享的这些方法和经验，要想成为一名合格的保险顾问，还需要学习保险的基础知识，比如常见险种的基本条款、保险种类的划分等。同时，相关的专业知识，比如金融、营销、法律等知识，也不能落下。但这些知识，不是这一本书能讲透的，靠的是你在大学以及工作中的长期学习。

最后，对于刚从事保险顾问这一职业的新人，我想跟你们分享三个好习惯，它们不但可以帮助你更快地上手这份工作，还能为你之后的事业发展助力。

持续学习

保险市场一直在变化，保险产品在不断更迭，客户需求也不是固定的，怎样抓住并跟上这些变化，是保险顾问很重要的一课。所以，必须要养成持续学习的习惯。

去哪儿学呢？首先，我们可以借助保险公司的培训体系，这是保险顾问获取学习资源的重要渠道。一般来说，保险公司为了提高保险顾问的综合素质和推动业务发展，都会举办各式各样的培训，大致可以分为五类：岗前培训、衔接培训、政策培训、分享培训、拓展培训。

岗前培训发生在保险顾问与保险公司签订代理合同之前，培训内容主要涉及保险行业的发展情况、该保险公司的历史和实力、进入保险行业的薪资待遇、商务礼仪、基础的保险知识等。其目的是让准备进入保险行业的新人更加了解这个行业和所在公司的环境，给他们深耕保险行业的信心。

衔接培训，当正式从事保险顾问这份职业后，保险公司会组织开班培训，旨在帮助他们提升保险专业技能。这个阶段的培训内容偏向实操，会涉及具体的保险产品及功能、保险销售流程、客户约访、保险销售工具、异议处理、沟通技巧等，掌握这些技能对保险顾问在实际工作中的业务拓展有很大帮助。

政策培训，当保险或金融市场推出新政策，以及市场有较大的变化时，保险公司会邀请对新政策、新变化有详尽了解的老师为保险顾问进行培训，确保他们可以抓住新机遇，向客户传达最新、最有效的信息。

分享培训，这类培训较为日常，培训者可能是刚从事保险顾问一职但取得了不错成绩的新人，也可能是经验十分丰富、已经形成自己一套工作方法的成熟保险顾问。通过这些人的案例分享，保险顾问可以吸取各自的优点和经验，并将其应用到自己的工作中。

拓展培训，保险公司借助自身的资源，以奖励的形式为成绩突出的保险顾问提供外出学习的机会。比如，让保险顾问到国内外知名学府深造，或者邀请在某些方面有自己独特见解的专业讲师来为自家保险顾问做专场培训。

遇到这些培训，一定要积极争取机会，同时认真听讲。千万不要以为有的培训只是走流程，也不要觉得一对多的培训效果不好，而一门心思自己去研究。要知道，成熟保险公司的培训都有各自的节奏跟框架，也都有丰富的经验教训作为基础，效果肯定比自己学要好得多。即使其中的有些内容你早就知道了，也没关系，因为参加培训，也有利于培养自己持续学习的习惯。

其次，保险顾问还可以主动寻找其他的学习渠道，比如听一些金融讲座、考取金融证书。我有不少朋友甚至额外学习并考取了与金融并不相关的证书，比如律师证、健康营养师证。这些看似和保险不相关，但却可以成为营销过程中的加分项。考律师证所学的知识，可以让保险顾问在讲解保险合同和条款时，给客户提供更多法律上的分析和帮助，展现更多的专业性，获得客户更多的信任。同样，获得健康营养师证，能让保险顾问在销售健康险产品时更具有权威性，而且学到的营养知识也可以让保险顾问与客户有更多的话题可聊。这既增加了客户黏性，也通过提供增值服务提高了客户的满意度。

记录工作日志

拜访客户后记录工作日志，是用于搜集并分析客户信息的重要方法。对于保险顾问来说，拜访客户最主要的目的是获取客户更多的信息和问题，在此基础上想出问题的解决措施，为下次沟通打下基础。

一般保险顾问一天会拜访多位客户，有的是为了获取客户信息，有的是为了启发客户需求，有的则是去解决客户的问题或者传达公司刚刚发布的销售政策等。如果不详细记录，只凭记忆的话，随着时间的推移，脑海里不会残留多少信息，这次拜访就相当于一次失败的见面了。要记住，最淡的墨水也胜过最强的记忆。

那工作日志要怎么写呢？其实关于工作日志的形式，并没有严格的要求，把主要信息记录好就可以（模板见表3-1），包括客户的基本信息、客户的保险需求、是否介绍了产品、客户的回复、交谈中哪句话起了好作用、客户存在哪些问题和疑虑，等等，信息越详细越好。工作日志可以方便后期查阅，寻找目标客户。

表3-1　工作日志模板

工作日志					
姓名：　　　　　　　　　　　　　　　　部门：					
职务：　　　　　　　　　　　　　　　　日期：					
序号	工作时间	工作地点	计划工作内容 / 临时交办	实际工作内容 / 成效	备注
1					
2					
3					
4					
5					
6					
7					
8					
9					
未完成事项及原因					
今日工作总结					
建议事项					
明日工作计划					

建立客户档案

建立客户档案并持续更新，是管理客户需求的过程。为每位客户建立一份档案（模板见表 3-2），内容包括但不限于客户个人信息、家庭信息、教育背景、保险需求等，这些内容可以通过整理工作日志的信息获得。

表3-2　客户档案模板

客户档案建完后，按需求给客户分类，比如已成交客户、重点客户（未成交但购买意愿强烈）、普通客户（未成交且购买意愿一般），具体划分可以按自身情况来。之所以这样划分，是考虑到保险顾问的时间和精力是有限的，需要根据客户的重要性，合理规划跟进时要付出的时间和精力。比如，对于已成交客户，只需要提供一些后续服务即可；而对于重点客户，则需要多次拜访。

分类结束后，可以规划每类客户的服务方案，多长周期服务一次，提供什么内容的服务等。比如，重点客户，可以每周拜访一次，生日和重要节假日邀约吃饭、送礼物等；已成交客户，每月拜访一次，重要节点送上祝福，定时送上公司的福利等。

04

核心技能篇：
保险规划

保险规划是保险顾问的"看家本领"。我们常说，保险顾问的主要工作是结合客户的具体情况和需求，规划出一份适合客户的个性化保险方案。那么，保险规划的核心究竟是什么呢？具体又该怎样来为客户规划有针对性的保险方案呢？

现金流是保险规划的核心

现金流是生存之本

保险规划的核心，其实就是帮助客户解决人生重要节点的现金流问题。什么是现金流？简单来说，现金是钱，现金流就是钱的流动，是一定时期内现金和现金等价物的流入和流出。当流入大于流出，现金流量为正时，我们称之为健康状态，这时企业可以进行业务发展和扩张，家庭可以改善一下生活或者尝试投资理财。

都说"现金流是企业的生存之本"，相关的例子也不少。2020

年年初，美国麦肯锡公司做了一个全球调查，发现如果疫情持续的话，基于当时的现金流状态，能维持 1 个月的企业占 50% 左右，能维持半年的企业占 20% 左右。

为了"活下来"，企业开始想尽办法快速回流资金，比如寻求股东借款、尽快卖出存货换取现金、向客户预收款、提前收回应收款项、处置固定资产、线上直播带货实现创收等。

但结果并不尽如人意，根据时代数据创业公司统计，截至 2020 年 12 月 27 日，全国共有 932 家创业公司倒闭。国外的企业同样也遭遇了危机，活得异常艰难。美国健身连锁店 24 小时健身房（24 Hour Fitness）、杂货店连锁店迪恩·德鲁卡（Dean & DeLuca）、百货商店杰西潘尼（J. C. Penney）等多家企业均提交了破产申请；日本破产的公司是七年来最多的一年，多达上万家；拥有 230 年历史的英国零售巨头德本汉姆（Debenhams），因无人接盘不得不关门倒闭……究其原因，疫情总是被反复提及的因素。大家居家隔离后，消费水平急剧下降，企业现金流骤减，生存自然成为难题。

因此，很多企业在扩张道路上都很重视现金流，比如小米。2021 年年初，小米科技创始人雷军在接受媒体采访时说，自己的性格是"极度保守下的极度冒进"。意思是，在风险可控时，小米推进速度是极快的，在风险不可控时，则会非常小心。

雷军说，1996 年的时候，他所在的金山公司陷入了困境，差点因为发不出工资而关门。从那之后，他就对现金流极其在意，不想让自己再陷入发不出工资的窘况。所以，只要是他负责的公司，就特别在乎现金积累。如果账面上没有足够多的现金，绝对不买楼、不折腾，然后积累现金。从这个角度讲，小米是非常非常保守的。

对于企业发展，我们往往存在一个误区，认为利润才是真实反映企业生产经营状况的指标，其实并不是。现金流入量、流出量才是企业实实在在的资产变化，它剔除了企业可能发生坏账的因素，强调库存的变现能力。有时候，我们会遇到有利润却无现金的企业，这些企业可能会出现借钱缴纳税款的情况。

对个人来说，现金流同样也是生存之道一般的存在。讲个小故事：从前，有个农民给地主打工，地主答应每月给他一旦米。农民却说："不用，你第一天给我一粒米，第二天给我两粒，第三天给我四粒……后面的也都这样，每天都比前一天多给一倍的米。"地主想，这农民傻了吧，要这么少，就答应了。

看到这儿，是不是觉得故事结局你已经猜到了？不就是越给越多，最后地主给不起了吗？这说明了复利效应的伟大。这个结局我也看到过，但这里我要给你讲的是另一个版本：后来农民坚持了7天，饿死了，因为他收到的粮食不足以维持日常所需。

这个结局告诉我们什么呢？如果没有健康的现金流，很容易把已有的本金和获取的收益消耗掉，不能持续地进行复利累计。人要先满足自己最基本的生存需求，才能进一步发展。如果从生理角度看，最基本的生存需求是食物、水分、空气；而从财务角度来看，最基本的需求则是现金流。

所以，保险顾问在为客户提供保险规划服务时，其核心就是帮助客户解决现金流问题。普通客户是要解决整个生命周期的现金流问题，确保不管是生老病死，都能有一笔稳定的现金可用，不会因此使家庭陷入经济危机。如果遇到企业主客户，保险顾问还需要在此基础上帮他们解决公司现金流，甚至是财富传承的现金流问题，确保企业主不会因企业经营问题而间接牵连到家庭财务，或者确保在企业陷入危机时，股东能有足够的现金流度过危机。企业主客户的额外需求涉及财务规划，属于保险顾问的进阶技能，我会在第五章详细介绍，这里重点讲生命周期上的现金流问题。

从收支入手分析现金流

保险顾问在解决客户的现金流问题之前，需要确定两件事：一是客户家庭的现金流情况，二是在生命周期中，客户在哪些节点会出现现金流问题。

分析一个家庭的现金流情况，要从收支入手。一般情况下，家庭收入按获取途径可以分为劳动性收入和资本性收入，家庭支出按消费属性可以分为刚性支出和弹性支出。

具体来看，家庭的劳动性收入是指家庭成员通过劳动获得的各种报酬，包括在职工资、奖金、补贴、兼职工资等。一般在家庭现金收入中，劳动性收入占据绝大部分。知名经济学者香帅在她的《钱从哪里来：中国家庭的财富方案》一书中提到："对于更多的普通人来说，工资等劳动性收入占到总收入的 80%，2018年中国居民可支配收入中 73% 来自劳动性收入，包括工资收入（56.1%）和个体店、企业主的经营收入（17.2%）。"①

劳动性收入虽然稳定，但需要付出足够的体力和时间。我在第二章提到过，接下来我国的经济增速将长期处于低档，这意味着年轻人很难通过工作来快速积累财富。可是，财务自由、提早退休的梦想还是人人都有的，怎么办呢？

近几年，美国出现了 FIRE 运动（Financial Independence, Retire Early；财务独立，提早退休），它号召通过资产提供的现金流生活，同时搬到生活成本更低的城市或国家居住，节约开支，过一种自由的退休生活，摆脱日常工作的烦恼。

它具体包括增加资产总量和提高投资收益两层内涵：

（1）想尽一切办法把你的资产总量提高到年开支的 25倍，如果你的家庭一年开支是 4 万美金，就将资产总量提高到 $4 \times 25=100$ 万美金；

（2）将投资组合稳定在 4% 的回报率。比如，找一个年投资回报率稳定在 4% 的项目，把 100 万放进去，这样就可以保证每年有 4 万的收益。这也就是我们说的资本性收入，即依靠投资而获取的收益。

这种想法很好，但实践起来却很难。虽然缩减消费、提高储

---

① 香帅：《钱从哪里来：中国家庭的财富方案》，中信出版社2020版，第19页。

蓄对个人来说是完全可控的，但以美国的低息水平和经济状况来说，想找到长期且稳定的 4% 年投资回报率的项目几乎不可能。

但是，FIRE 运动再一次印证了沃伦·巴菲特（Warren Buffett）那句著名的话："如果不能找到一条躺着都能赚钱的发财之道，那只能工作到老死的那一刻。"和巴菲特持相似观点的，还有 1985 年获得诺贝尔经济学奖的弗兰科·莫迪利安尼（Franco Modigliani）。莫迪利安尼提到，每个人在各自的财务生命周期中，都要把握好两个时间节点：一个是何时没有负债，另一个是何时退出劳动力市场。没有负债，就是你不欠债了，比如房贷还完了，孩子也不要你每个月给他那么多钱了，这个时候，你的收入和支出是相对平衡的。退出劳动力市场，是指你的资本性收入完全可以覆盖你的日常开支，不用再继续朝九晚五地工作，有更多选择的权利。

所以，资本性收入对一个家庭的重要性，不亚于比重更大的劳动性收入。

关于家庭支出，刚性支出是指家庭生活必需品的消费，比如食品、服装、医疗、教育、房租、房贷等费用；弹性支出是指用来享受和进一步提高生活质量的支出，比如旅游、娱乐、改善住房等费用。

基于客户家庭的基本收支状况，保险顾问可以帮助客户制作家庭现金流量表（见表 4-1），以此来分析目前家庭的现金流状况。这一步的目的主要有三个：

（1）协助客户优化家庭现金流；

（2）确定家庭现金流盈余数额，以此判断其购买保险及其他金融资产的可投资盈余；

（3）分析客户在人生重要节点会遇到的现金流问题，以目前的现金流情况来评估是否能覆盖未来支出，若不能，则为客户提供保险解决方案，合理设计保额和保费。

表4-1　家庭现金流量表模板

家庭现金流量表					
收入	金额	占总值比例	支出	金额	占总值比例
1. 劳动性收入			1. 刚性支出		
工资			食品		
奖金			服装		
兼职收入			房租		
补贴			房贷		
其他			交通		
2. 资本性收入			教育		
股票收益			医疗		
租金			其他		
基金收益			2. 弹性支出		
其他			旅游		
			娱乐		
			其他		
收入合计			支出合计		
盈余 / 赤字					

　　每份家庭现金流量表都会涉及以下五类数据：收入、某类收入占总收入的比例、支出、某类支出占总支出的比例、盈余/赤字。如果有盈余，即收入大于支出，说明现金流处于健康状态，所剩金额即为可投资盈余，可以用来为未来可能会出现的现金流问题做投资准备。如果是赤字或盈余为 0，这时就需要保险顾问根据细分的各类收入和支出所占的比例来协助客户进一步优化现金流，增加收入、减少支出，使现金流达到健康状态了。

　　客户看到现金流量表后，可能会问："我现在的现金流状态是健康的，为什么还要购买保险或者投资呢？"会有这样的疑问，是因为客户只考虑了短期的情况，比如未来一年或五年的情况。这时候，就需要保险顾问引导对方将现金流规划的眼光放在完整的家庭财务生命周期上。

　　与西方社会强调个人主义不同，中国家庭的财务状况变化其实很大程度上是和家庭结构变化息息相关的。比如，孩子结婚，家庭需要对买房等行为进行资金上的援助；再比如，孩子出生，家庭需要花费大笔的资金准备孩子的教育费用。因此，我们可以以家庭结构变化带来的财务变动作为划分依据，来了解家庭财务生命周期。图 4-1 是我制作的人生财务收入支出曲线图，其中收入仅包括劳动性收入中的工资收入。这是因为目前大多数家庭的收入是以工资收入为主的，如此设置更具普遍性和真实性。

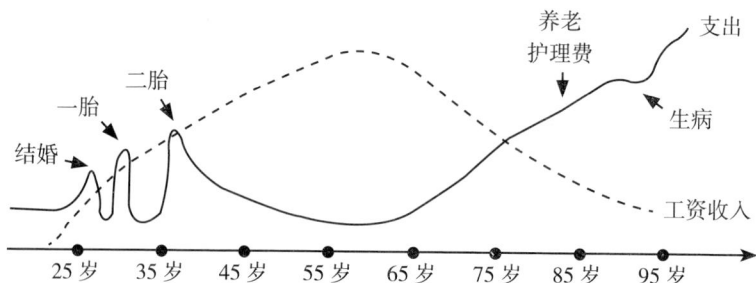

图4-1　人生财务收入支出曲线图

很明显，整体来看，工资收入曲线随着年龄的变化呈现出钟形：从大学毕业刚刚有收入，到逐渐收入变高，再到退休后收入下降、基本靠养老金生活，是一个由低到高再到低的过程。

但同时，受通货膨胀和消费增加两个因素的影响，支出曲线却整体呈增长趋势。而且，在人生的某些重要节点，通常会有重要事件发生，比如结婚、生孩子、生病、养老等，从而消耗大量现金流。这些重要事件具备两个特征：一是可预知，二是无法预知具体时间点。

因此，收入和支出曲线是不同步的。

具体来看，每个家庭的财务收入支出可以分为四个阶段：

（1）从两个年轻人准备组建家庭到孩子出生之前。这个阶段，夫妻收入比较低，同时为了买房和结婚而要有大笔资金输出，家庭财富盈余偏低，抗风险能力比较弱，对盈余的处理多以储蓄为主。

（2）从孩子出生到他（们）结婚前。夫妻俩正处于壮年，随着工作经验的增加，收入会因为晋升或跳槽等因素有较大的增长。但家庭支出也不少，主要以抚养孩子、子女教育以及子女婚嫁为主。不过，相对于前一阶段，盈余是有所增加的。

（3）子女婚后、夫妻退休前。这时夫妻俩处于中年阶段，收入达到人生顶峰，对子女的经济支援也已经基本完成，生活支出降低，主要是用来享受生活，家庭现金流盈余激增。

（4）夫妻俩退休后。这时，家庭收入会大幅下降，生活支出却会不断增加，养老、医疗等都需要花费大量的金钱。退休金往往不足以覆盖支出，需要消耗过去积累的财富。

从这四个阶段，我们也能看出劳动性收入与支出的不同步。这就导致每当重要事件发生时，家庭的工资收入很难满足支出。因此，我们需要在劳动性收入和支出之外构建一条理财曲线。重要事件导致的支出类似于我们衣服上的褶皱，而理财收入相当于熨斗，可以熨平这些褶皱。

用保险解决现金流问题

在理财方面，保险的触发机制有它独特的优势，尤其是应对生老病死这类必然会发生的支出风险。

以突发疾病为例。你可能听说过"因病返贫"这个词——原本经济条件不错的家庭因家人患病治疗而陷入贫困。突发疾病具体包括两种情况：一是无法调动足够多的现金治病，二是病好了，经济却"死亡"了。

第一种，比方说北京人小刘，他在二环有套房子，这是上千万的资产，听上去家庭条件很不错。但可惜，小刘的资产配置里面没有多少现金，更糟糕的是，他患上了重型再生障碍性贫血，需要骨髓移植及长期药物治疗，治疗康复费用大概要 15 万 ~40 万。为了治病，他用光了所有的现金，还把股票和基金都给卖了。但还是不够，最后，他不得不选择处理固定资产，卖掉了房子。等病愈出院后，小刘只能租房住，彻底从一个千万资产的北京人变为"北漂一族"。

第二种情况也很常见。如果是患了重大疾病的话，不但需要花费大笔现金来治病，还得空出相当长一段时间用于诊疗康复。比如，做完心脏或肝脏移植手术的患者，在治疗完成后就需要长时间的康复和休养。在这期间，患者可能没法工作，失去原本的工作收入。这样一来，可能等病好了，家庭积蓄也花光了，说不定还欠了债，短时间内很难恢复到之前的生活水平。

但要是买了保险，情况就会不一样了。虽然说不能彻底避免疾病带来的现金风险，但至少能把风险降到最低。保险，其实是为客户构建了一个触发应对机制：一旦疾病发生，这个机制就会启动，来帮客户解决资金问题。

简单来说，就好像你办理了一个银行账户，每个月往里存 1000 块钱。但这个账户只有一个功能——只有当家庭成员患了疾病的时候，才能动用里面的钱。否则，只进不出。

保险的这种触发应对机制包含了两种补偿原则，一是损失补偿原则，以商业医疗险为代表；二是确诊赔付原则，以重疾险为代表。

损失补偿原则是说被保险人因疾病造成了经济损失，保险公司承担补偿损失的责任，帮助被保险人恢复到风险发生前的经济水平。这一原则的重点是没有人能够从风险中获益，即被保险人不能通过保险获得额外的收益。比如，客户小王为了应对疾病风险，购买了百万保额的医疗险（无免赔额[①]）。后来他生病住院，前后花了 2 万元，社保可以报销 1 万元。那么，在申请理赔时，保险公司就会按社保报销后的实际费用进行报销，也就是赔付小王 1 万元，保证小王没有因生病住院而造成经济损失。

确诊赔付原则是一旦触发了保险合同中的疾病类型，确诊后就一次性赔付一笔钱，这笔钱可以用来治病、买营养品，也可以用来补贴家用等。前面提到的患了重型再生障碍性贫血的小刘，如果购买了重疾险，那他说不定就用不着卖股票、卖房了。请注意，跟损失赔偿不一样，确诊赔付的钱可能会比实际花的要多。因为损失补偿是根据实际造成的经济损失进行理赔，而确诊赔付是按保险合同中规定的保额一次性全部给付，不以实际造成的经济损失为标准。

[①] 免赔额，即免赔的额度。损失额如果在规定数额之内，由被保险人自行承担损失，保险公司无须赔偿。无免赔额，意味着不设定报销门槛，花费多少就报销多少。对客户来说，无免赔额的保单可以把自己的经济损失降到最低。

　　针对其他现金流问题，保险的解决思路也是一样的。比如，子女教育的费用问题几乎是每个人都会遇到的，尤其是现在，越来越多的父母都在考虑送孩子出国留学，那需要准备的资金就更多了。面对这样的现金流支出计划，保险可以为客户构建一个到达某个时间或触发某个事件后的应对机制：通过提前购买保险，和保险公司约定好，当未来达到某个时间或触发某个事件后，比如规定 20 年后，或者孩子上大学时，保险公司返还客户一笔钱。

　　这里我要提醒的是，保险顾问在借助保险为客户规划现金流问题时，不仅是要为其挑选合适的产品，还要根据现金流知识来合理设计保费和保额。在上文我提到过，保费可以根据客户目前的家庭现金流盈余情况来确定。至于保额，一般是根据未来风险发生时的现金流缺口来确定。

　　比如，患重大疾病后，大家最担心的，肯定是失去收入来源的同时还要考虑生病期间家庭的生活支出。考虑到中国治愈重大疾病一般需要 5 年，5 年后如果没有复发就叫临床治愈。所以，在保费充足的情况下，保险顾问可以建议客户把保额设置成 5 年生活必需支出的总和，保证生活质量不下降。

　　再比如，客户可能会因为怕自己身故后无法继续承担自己的责任，比如房贷没有还清、老人和孩子还需要照顾等，所以想购买寿险或者意外险。这时候，保险顾问就可以帮忙计算客户的责任，比如将家里的负债、家庭基本生活成本、孩子教育、赡养父母花销等支出都考虑进去，根据这些支出来设置保额。

同理，如果是购买年金险来解决教育和养老的问题，那就计算孩子教育或者养老金的缺口，以此为设置保额的依据。

总而言之，客户购买保险是为了应对风险——覆盖风险发生后造成的大量现金流支出。而保险规划的核心，就是要借助保险这一工具来帮客户解决人生重要节点的现金流问题，而不是单纯销售一份产品。

年金险规划流程：三点三期规划法

介绍完理论知识及基本思路，接下来，我们就进入保险规划的实操环节：保险顾问具体是怎么通过保险规划来帮客户解决现金流问题的呢？考虑到各类保险产品的规划流程事实上都大同小异，所以我选择了相对复杂的年金险，来为你具体讲解保险规划的流程及相关注意事项。

比起常见的健康保险，年金险带有理财性质，会涉及多项经济数据的计算（收益率、通货膨胀率等）和其他金融资产对比问题，在给客户规划和讲解时会更加麻烦。如果能熟练掌握年金险的规划流程，其他险种的规划就基本上没什么难点了。

什么是年金险呢？投保人一次或按期缴纳保费，保险公司以被保险人生存为条件，定时定频定额给付保险金，直至被保险人死亡或保险合同期满。简单来说，就是客户按期将一笔钱交给保险公司，设置给付条件和给付方式，由保险公司打理和投资，触达给付条件时，保险公司则按照此前的约定，将本金和收益定期返还或一次性返给客户。

比如，小王考虑到未来的养老问题，就找保险顾问买了一份保险，约定等 60 岁退休后，保险公司按月给付他保险金，直至他身故。这个例子里小王买的这份保险，就属于年金险。

投资理财的不可能三角

保险顾问在正式为客户做年金险规划前，需要确定两件事：一是客户的哪些需求可以通过金融资产来解决；二是在众多金融资产中，年金险是不是最适合客户的。

一般来说，只要是收入小于支出的事件，都可以借助金融资产来"熨平"，比如重大疾病、养老、子女教育、婚嫁等。当然，如果只是中低消费支出，比如买个手机，或者五一旅游等娱乐支出，即使可能会让人有些入不敷出，也不需要动用金融资产这样的工具，通过日常积蓄来解决就可以了。

每类金融资产实现目标的方式或者说侧重点都不太一样，有的是侧重于收益性，也就是产生的收益比其他资产更高；有的是侧重于流动性，确保有需要时随时都能取出这笔钱；有的是侧重于安全性，确保这笔钱不会蒸发掉。收益性、流动性、安全性，是理财投资里"蒙代尔不可能三角"理论的三个构成要素：对于任何一个金融资产来说，流动性、收益性、安全性三者不可兼得，最多只能同时拥有其中两项。

因此，当客户向你咨询，最近遇到一款很安全、保证兑付，同时年化收益在 20% 的理财产品，要不要买时，你作为保险顾问，就该提醒客户：正常来说，具备了安全性和流动性的理财产品，不可能有这么高的收益。

在为客户选择金融资产时，我们需要结合对方的具体生活目标和金融资产的属性来确定。只有这样，才能有效解决现金流问题。图 4-2 是我根据蒙代尔不可能三角制作的理财建议图，可以帮你初步定位适合客户的金融资产类别。

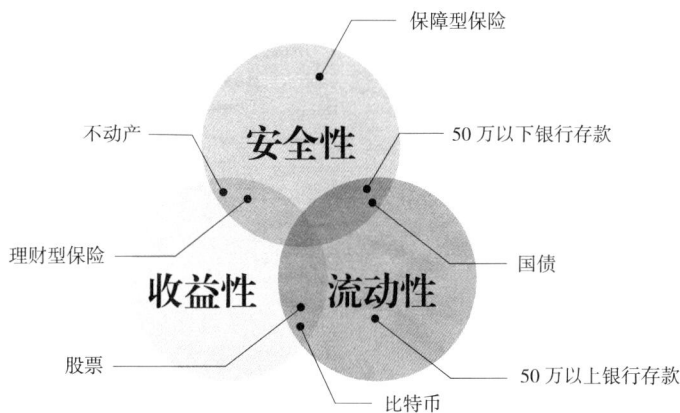

图4-2　理财投资的蒙代尔不可能三角示意图

比如，一对小情侣计划买车，希望能通过投资理财升级一下车型。这种享受型支出目标对资金安全性的要求不高，那么，保险顾问就可以为其选择收益性较高的金融资产。

再比如，一对刚刚为人父母的小夫妻来找你，说他们想为孩子准备好 20 年后读大学的教育资金。这时，你首先需要做的，是分析这一目标对资金的具体要求：既然 20 年后才会动用这笔资金，那对流动性的要求就不会太高，但一定要能抗通货膨胀，满足 20 年后的教育费用支出，而且必须安全，不能有投资风险。也就是说，需要兼具安全性和收益性。根据图 4-2，你可以迅速把选择范围缩小到理财型保险、不动产这两类。

一般来说，除了子女教育，应对养老和子女婚嫁这样的重大事件，也多考虑理财型保险或不动产。因为养老和子女婚嫁这两类事件跟子女教育一样，发生的概率非常高，而且发生时间是可以大概预计的，通常都在几十年后。因此，一方面，需要资金有较高的安全性，从而保证事件发生时有足够的钱来平衡支出；另一方面，考虑到长时期的通货膨胀，事件发生时的收益也得保证足够高。

那跟不动产比起来，理财型保险的优势在哪里呢？不动产在前期购买环节要投入大量资金，即便是贷款买房，也要在很长时间内还贷款，这对普通客户来说经济压力比较大。但理财型保险就没这个问题了，客户可以分期小额买入，基本上有稳定工作收入的都能承担。

理财型保险具体包括养老险、教育险、分红险、万能险、投连险等产品，种类很多，但从本质上来说，其实它们都属于年金险。所以，遇到客户想买金融资产来应对养老、子女教育和子女婚嫁这样的重大事件，我们能给出的最好的建议就是买年金险。

年金险到底好在哪里

在确定年金险符合客户需求之后，接下来就到了具体的推荐环节。年金险的优势，概括来说就是安全性高、收益性好，同时投入的压力小。至于具体的要点，你在参加公司培训时都会学到，属于基础知识，我就先省略了。接下来我要讲的，是如何把培训时学到的专业且精炼的观点传达给客户——既要让对方听懂，又要让对方相信你说的这些优势不是说说而已，而是真实存在的、能实实在在给他带来好处的。

这个环节非常考验保险顾问的能力，因为在说优势的时候，其实很容易陷入销售话术的思维模式。比如，聊到年金险可以锁定长期收益时，保险顾问一般会这么介绍："理财型保险比较安全，大多会有一个保底的收益设计，保证不会损失本金。而且，在通货膨胀的压力下，可以在未来几十年锁定较高的收益率。"

听起来说得也挺通俗的，不至于让人听不懂。但对客户来说，仿佛是听了一段很合格的背诵内容，虽然没有错，但缺少保险顾问个人的理解，不打动人。所以，这样的说法基本上都会被客户归为销售话术，听过就忘了，客户很难被你所描绘的蓝图吸引。

那怎么办呢？跟你分享下我的个人经验：可以先选取年金险的某个具体优势，然后去认真研究近几年的投资环境和金融政策，对比其他具有同类优势的金融资产，找出年金险的独特之处。

举个例子。像锁定长期收益这个优势，它主要通过保底的收益设计来实现。通过研究近几年的金融政策，我发现，监管部门正在"打破刚兑"，现在真正能做到有保底收益的资产是非常稀缺的。什么是打破刚兑呢？刚兑的意思是即便投资亏损，也能给客户保本，甚至保收益，投资机构可以兜底。不过，这只是金融行业内争取客户的一个约定俗成的做法，并没有相关的法律依据。

之前，银行和信托公司为了推广它们的理财产品和信托产品、获得稳定的客户和投资资金，经常用这种方式来吸引投资者。但是，这种行为对金融机构来说容易积累风险。一旦理财产品和信托产品投资收益率不能达到预期，金融机构就要自掏腰包来补缺口，或者拆东墙补西墙，用新债去补旧债，这很容易在金融机构内部积累风险。当整个行业都如此时，金融市场的风险就会越堆越高，最后形成系统性风险。

所以，近几年监管部门开始打破金融理财产品的刚性兑付。这意味着金融公司不能再以刚性兑付作为对外宣传的亮点，来招揽投资者投资。而对于追求资金安全的投资者来说，想要通过金融投资获得固定收益，从此只能选择国债、50万以下银行存款、不动产和年金险这四类。不动产的劣势上文已经介绍过了，至于国债和50万以下银行存款，它们的收益较低，且只能在短期（比如1年、5年、10年）内获得固定收益，抵御不了通货膨胀的风险，但保险可以锁定更长期的收益，比如20年、30年，甚至是终身的收益。在这点上，保险的竞争力是很强的。

年金险的保障期限很长，一般都在 10 年、20 年左右，甚至更长。至于收益，年金险会有一个保底收益率。保障客户在一个较长时期内都有固定收益。同时，它还能抵御即将到来且将持续很长时间的低利率状况。

利率指的是一定时期内利息金额与借贷资金额（本金）的比例。比如，银行把钱借给你去投资或者生产，到期后你需要在本金之外，按当初约定本金的 4.35%[①] 付给银行利息，这个 4.35% 就是利率。对于一个国家来说，利率是调节市场经济的一种非常重要的手段。比如，中国会通过调整存贷款基准利率来调节市场，而其他利率水平或金融资产价格都会根据这一基准利率水平来确定。低利率就是将基准利率维持在较低的水平，这种低利率政策通常会应用于经济萧条时期：通过降低利率来促进居民消费和投资，企业扩大生产，进而刺激经济复苏。

比如，2008 年美国爆发金融危机，年底美联储就宣布将利率降至零点（也就是还贷时只需要还本金），来应对全面的经济危机。这一手段持续了整整 7 年，让接近崩溃的美国经济逐渐走向了复苏。2020 年，新冠肺炎疫情爆发，美国以"应对疫情影响"为由，再次启动零利率政策，宣布未来一段时间将继续维持 0%~0.25% 的利率目标区间，直至确信美国经济能承受住疫情带

[①] 4.35%为2021年一年期银行贷款基准利率，各商业银行的利率在此基础上有所调整。

来的考验。

事实上，不只是美国，目前包括中国在内的很多国家的基准利率都维持在较低的水平，甚至不少国家还推出了负利率政策。负利率就是借入方不用再额外拿钱补偿借出方，同时借出方还得多掏钱给借入方当资产保管费。

虽然美国推行低利率政策很大程度上是因为突发的疫情，但从全球形势来看，低利率并不是偶然，而是趋势。那未来低利率会成为常态吗？我认为从长期来看，答案是肯定的。首先，全球经济增长动能不足。从长期来看，全球主要经济体 GDP 增速都经历了一个由高向低的转变，这点我在第二章讲述"新常态"时也提到过。其次，经济政策不确定性上升。2008 年次贷危机以来，全球主要经济体经济政策的不确定性较此前均有不同程度的提升，其中中国和欧洲的提升最为明显。2008 年次贷危机、2011—2012年欧债危机、2015—2016 年全球大宗商品危机以及 2018—2019年中美贸易摩擦等事件都推动了避险情绪和对债券需求的上升，从而对利率水平形成了压制。最后，在经济政策不确定性加大的背景下，金融市场的波动性也会加剧。对中国来说，金融市场如果出现大幅波动，将会影响市场信心，进而可能影响到实体经济，需要低利率环境来稳定市场情绪。①

这种低利率时代会给大众来带来什么影响呢？会带来资产荒，

---

① 如对利率相关知识感兴趣，推荐你阅读《利率史》《货币数量、利率调控与政策转型》《利率是车 汇率是马》等著作。

尤其是安全资产荒。你想，利率低，投资金融资产的回报收益率也会跟着变低，但为了应对经济新常态和低利率，大众又希望获得较高的收益，这就导致金融资产很难满足客户的需求。再加上现在金融行业被打破刚兑，想找到安全且收益不错的资产本来就不容易，而低利率时代的到来，只会让这一切变得难上加难。

前面我分析了年金险的两大优势：一是可以锁定较长时期的收益（10年、20年，甚至是终身），在一个比较长的时间跨度里跑赢通货膨胀，这是银行存款、基金、国债都做不到的；二是年金险不需要在前期就投入一大笔资金，比起不动产门槛比较低。因此，在抵御未来长时间的低利率和资产荒的问题上，年金险是不二之选。

这样的分析，是站在客户的立场，去解读他的具体需求和投资环境，去对比不同的金融资产，客户会认为你既了解他的需求，也知道市场动态，兼具专业度和温度。而且，你讲的都是自己认真研究对比之后的内容，肯定更生动，细节也更丰富，说不定在个别点上还有一些个人的建议。这样的讲解可比干巴巴地读资料册上的年金险简介有说服力多了，也更符合保险顾问以客户为中心的营销模式。当然，完成这些工作会花费一些时间和精力，但在收到客户反馈的那一刻，你一定会觉得这些前期投入都是值得的。

三点三期规划法

当客户经由保险顾问的介绍分析，决定购买年金险后，我们又该如何为客户具体规划呢？

既然要解决未来现金流的问题，在规划时就会涉及很多细节问题，比如客户需要多少现金流才能平稳渡过难关、客户打算从什么时候开始领年金、领到什么时候、领多长时间，等等。这些细节对不具备保险专业知识的客户来说太过复杂，很难理解，甚至会因此对一些条款的约定跟顾问产生争议。

为了让客户更容易理解保险顾问为其提供的年金险规划，从而顺利完成交易，我推荐三点三期规划法。

三点是三个时间点：投资起点（对应客户投保的时间点）、年金领取起点（对应客户预计首次使用年金的时间点）、年金领取终点（对应客户身故或保险合同终止的时间点）。这里的年金，指的是年金险在保障期间内定期返回的资金。

三期是三个时间区间：投资期、增值期、收益期。投资期是客户计划把保费分多少年投入，比如是一次性趸交①，还是分十年缴清；增值期是从首年保费进入年金险账户起，直至年金领取起点止，这个期间，放在账户里的保费会产生新的收益，也就是增值；收益期是从年金领取起点至年金领取终点。

---

① 一次性缴清保费即趸交，也就是投入资金只发生在投保当年，在其他年份没有投入，所以投资期为1年。

比如，客户小刘现在 30 岁，他准备买一份年金险为将来的养老做准备。小刘计划从 55 岁退休开始领取年金，直到 83 岁，因为他预计自己的寿命大概就是 83 年。同时，他前几年狠拼了几年工作，积累了不少现金盈余，可以一次性缴清保费。那小刘的三点就是投资起点 30 岁，领取起点 55 岁，领取终点 83 岁；三期是投资期 1 年，增值期 25 年（30~54 岁），收益期 28 年（55~83 岁）。

再举个例子，客户小程打算给刚出生的孩子购买年金险，为她准备好 18 岁后上大学（本科 + 硕博）的教育金。考虑到孩子现在要花钱的地方多，保险起见，跟老公商量后，小程选择分 10 年缴清保费。这个案例里的三点是投资起点 0 岁，年金领取起点 18 岁，年金领取终点 27 岁（研究生毕业）；三期是投资期 10 年，增值期 18 年（0~17 岁），收益期 10 年（18~27 岁）。

注意，在一般情况下，保险顾问在和客户沟通三点三期时，尽量最后再确定投资期。这是因为投资期涉及预算问题，得先根据客户未来养老、教育所需花费确定好保额（也就是现金流），之后才能确定需要缴纳的总保费。如果保费较高，而客户经济状况又不太乐观，就需要延长投资期。相反，假如保费在客户承受范围内，他可能会选择一次性缴清，那投资期就会是最短的一年期。所以，在确定三期时可以先确定增值期和收益期，待全部规划流程完成后再根据客户的经济状况确认投资期。

至于三点，比较简单，直接根据客户的需求来确定就可以。

　　这一规划法，可以帮保险顾问节省不少时间。我认识的很多保险顾问在为客户规划年金险时，都没有按这个流程来做，前期也不会和客户一起规划这些重要节点，进而导致客户在后期产生很多疑问。比如，有的客户格外注意非收益期（投资期、增值期）的收益，因为他觉得任何阶段账户里的收益都和他关系重大。这时，如果不用三点三期规划法，客户可能就会问前几年为什么收益这么低，为什么跑不赢通货膨胀等。

　　但要是用了三点三期规划法，在前期就把关于年金的各个时间节点跟客户解释清楚了，那客户自然就会明白自己只需要关注收益期的账户金额就行了，不会有类似的疑问。即使客户有不明白的地方，也很容易解释。

　　假设与客户确定完三点三期后，客户还问你为什么前几年投资收益不好，保险顾问就可以解释说："前几年，您的年金账户还处于增值期，并没有到达年金的领取起点，这是为了防止您因为家庭其他支出而使用这笔资金，影响以后的养老。"客户一听，自然明白里面的门道，不会觉得顾问在糊弄自己，也不会因为听不懂而觉得顾问专业有问题。

保额与保费

　　确定好三点三期（投资期除外）之后，保险顾问需要进一步和客户确定一些经济数据，比如在当前应对某事件所需要的消费额度、预期的通货膨胀率、其他金融资产的补充价值等。如果客户购买年金险是为了养老，那就还需确定社保替代率。这些指标是用来预估未来事件发生时所需的现金流，从而确定年金险的保额和保费的。

下面，我以客户需求比较多的养老规划为例，来具体讲一下步骤。

首先是向客户确定他当前的消费水平以及收支水平。因为客户做养老规划，是希望退休后拿到的养老金能覆盖生活成本，不至于养老时生活质量下降。

比如，30岁的客户小刘告诉我，作为本地人，他没有房子的压力，也不打算结婚生子。虽然北京的生活成本比较高，但他日常开销比较少，平时就喜欢和朋友聚聚餐而已。每月1万元的收入足够他一个人生活了，当然，也剩不下什么钱。另外，小刘打算55岁退休，以自己现在的身体状况，预计活到83岁没有问题。

那么，保险顾问就需要确保客户在未来养老时能拿到和现在1万元同等购买力的资金，过上体面的养老生活。

注意，是同等购买力的资金，因为我们要考虑到通货膨胀带来的影响。像小刘，他今年30岁，预计55岁退休，也就是说，距离小刘开始领年金还有25年。现在，如果拿1万元去买手机，基本上想买啥配置的就能买啥配置的，但你觉得25年后还能吗？

也就是说，在通货膨胀的作用下，25年后，每月1万元的年金基本上不可能保证小刘继续拥有如今的生活质量。所以，保险顾问在给小刘规划的时候，要确保他到时候能拿到和现在1万元同等购买力的资金。

具体应该怎么做呢？保险顾问可以和客户一起设置一个通货膨胀的水平，这既可以依据前 10 年中国的平均通货膨胀率来设置，也可以直接使用客户自己预测的通货膨胀率。当然，每个人对通货膨胀的感受是不同的，有的客户相对乐观，认为平均通货膨胀率基本上就能代表未来走势，但有的客户比较悲观，会认为通货膨胀率要比前 10 年的平均通货膨胀率高。设置的时候，可以完全按照客户的预期来，即使过高也没事。但要是定得太低，就需要提醒一下客户，保额太低可能没法解决他将来会遇到的现金流问题。

假设通过协商设置的通货膨胀率是 3%，那就需要计算到客户 55 岁这一年，多少钱能和今天 1 万元的购买力持平。如果保险顾问有基本的复利计算基础，可以自己上手算：$10000 \times (1+3\%)^{25}$；如果不会也没关系，去网上搜复利计算器，让它帮你算。

这里，我直接告诉你结果：如果通货膨胀率是 3%，那 25 年后，小刘每个月要拿到 20937 元，他的生活水平才能跟现在持平。

那接着，是不是就该用 20937 元为基准来算小刘这份保单的保额了呢？不急。计划中小刘 25 年后每个月要领的 20937 元，并不全都由年金险负担。

理论上，这笔钱是由三部分组成的：一是社保的养老金；二是其他金融资产，如银行存款、房租等；三是年金险。所以，需要算一算前两者可以占到这笔钱多大的比例，然后才能确定年金险具体需要承担的金额。

当然，有时候也会出现比较极端的情况，就是除了社保，客户完全没有为养老做其他任何准备，连存款也没有。因为下文会涉及一些计算，方便起见，我假设小刘就属于这种比较极端的类型。

社保所能提供的养老金水平与退休前工资收入之比，我们称之为养老金替代率。前面提到，按照国际标准，当养老金替代率达到 70% 的时候，基本的养老能够得到保证，而现在国内的养老金替代率只有 40% 左右，剩下的 60% 就是客户自己要补充的养老金缺口。当然，每个城市的养老金替代率水平不同，以客户所处城市的数据为准。

具体到小刘，如果参照平均水平 40%，除去社保的部分，他每月还需要领取 12562 元（$20937 \times 60\% \approx 12562$）。这还只是一个月的养老金缺口，小刘一共要领 29 年，那缺口总额就是 $12562 \times 12 \times 29 \approx 437$ 万。

请注意，我们还得考虑这 29 年期间的通货膨胀问题，需要再进行一番计算。看到这儿，可能你会觉得年金险规划也太考验数学能力了，有没有什么小技巧呢？

我给你推荐一个小工具——年金计算器，这是我公司研发的，可以在脚印互动官网（www.jiaoyin.vip）上免费使用。操作很简单，只要输入设置的通货膨胀率、现在每月的花费、现在的年龄、退休年龄、目前领取的年薪、社保替代率等数据，就可以得出最终的数值。这个数值，就是客户的养老金漏洞。

省掉复杂的计算过程，小刘想要在养老时保持跟现在同等的生活水平，那他就需要储备 1111.01 万元的养老资产。减去社保的补充，小刘的养老金缺口总额是 666.61 万元。那么，保险顾问在拟定给小刘的年金险产品计划书时，要确保到小刘 55 岁那一年，他年金险账户里的钱不能低于 666.61 万元，可以多（无上限），但不能少。

到这一步，保额基本就确定好了，可以选择具体的产品来确定保费了，然后再根据客户选择的交费方式（3 年交、5 年交还是 10 年交）来反推客户的投资期。到这里，三点三期就算全部规划完了。接下来，保险顾问需要制作计划书。考虑到计划书制作过程比较复杂，我会在下文为你详细讲解。等制作并演示完计划书，一个标准的年金险规划就圆满结束了，只要小刘真的有购买年金险的需求，他很难拒绝这单交易。

当然，客户可能会跟你说："你分析得特别好，我也特别想买，但问题是囊中羞涩。"要是听到这样的回复，千万别灰心，我告诉你，这其实恰好是成交的信号，因为嫌货贵才是买货人，毕竟通常只有在对产品感兴趣后客户才会询问价格。

那这时保险顾问应该怎么做呢？先通过交流来确认客户到底是用没钱作为拒绝的理由，还是真的没钱。如果是想拒绝，那说明对方在经过以上所有环节之后，还没有产生足够的购买意向，我们可以暂时搁置这样的客户。如果是兴趣够、但钱不够的话，可以提议把交费期调长，降低客户每一次缴费的压力。要是这么做还是不行，那就先不一步到位了，而是选择把保额调低，比如建议客户先买 2/3 保额，缺的 1/3 等经济水平提高后再补足。注意，采用这种方法一定要事先和客户讲清楚：保额调低就没法覆盖全部的养老金缺口，需要对方在收入提高后尽量补足，只有这样才能实现客户最初的目的——解决未来养老的现金流问题。

客户听完这番话，肯定会觉得这位保险顾问是真正站在他的立场和需求的角度去考虑问题的，从而更加相信顾问的专业性。这叫作有温度的服务。

总的来说，年金险的整个规划流程，遵循的依旧是第三章讲营销模式提到的核心逻辑：以客户需求为中心。所有的规划都得是有理有据的，基于每个客户具体的收入、支出、领取年金时间、客户预期的通货膨胀率、社保等信息，帮助对方一起来解决养老、子女教育及婚嫁可能会给他带来的现金流问题。

PSD：定制个性化解决方案

上一节提到，三点三期都规划好之后，需要制作并演示计划书，即 PSD（Personalized Solution Delivery，定制个性化解决方案），这是保险规划的最后一步。一份较为完美的保险计划书应该具备三个特征：所有内容均基于客户需求而设计、交付的是一整套方案而不是单个产品说明书、使用客户看得懂的表述。

有些保险顾问可能会有疑问：保险公司明明会提供产品资料，为什么还要自己制作计划书？我们反思一下，当客户见到空手而来，或者拿着公司通用资料，想要让自己付钱购买产品的顾问时，会是怎样的心情？要么觉得对方不够专业，要么觉得对方不够用心，甚至还有可能觉得对方缺乏对自己基本的尊重和服务态度。那这笔买卖还能往下谈吗？

要是保险顾问带的，是一份自己精心制作的计划书，那这些坏印象就都可以避免了。除此之外，自制计划书还有两大好处。

两大好处

自制计划书的第一个好处是可以帮助我们为客户重新梳理一下他的保险需求，以及商量好的保险规划思路。一般而言，从了解客户需求到定制方案，这中间是会有一段时间差的。客户可能会忘记自己曾经分享的信息，那保险顾问就可以借助这份计划书来重新帮他梳理需求，唤起对方购买保险产品的意识，同时也让他明白这套解决方案是基于他的需求专门设计的。

第二个好处是能为客户提供仪式感。有时候，客户需要在拿到保险合同之前就先缴纳几十万，甚至是上百万保费。如果保险顾问只靠一张嘴，不断跟客户说："这都是固定流程，必须得先交钱，而且你看我们公司，大品牌，不用担心钱都打水漂了。"即使客户对自己的顾问很信任，他内心的焦虑和担忧也不会减少。毕竟，比起说出来的话，还是白纸黑字的合同更有分量。

虽然计划书比不上合同的效力，但它毕竟是一份摸得着的文件。沉甸甸的纸放在手里，看着上面写的需求分析、方案规划、收益演示等内容，多多少少能感受到一些仪式感，有来到收官阶段的感觉，借此可以缓解一部分焦虑。即使翻完计划书，客户还不能安心，但至少他很大概率也会给保险顾问再沟通一次的机会。对保险顾问来说，这是回答客户疑惑，甚至是解除客户担忧的好时机。具体而直切要点的答复，可以有效缓解客户的焦虑。

三个板块

那一份完整的计划书需要包括哪些内容呢？需要包括目标、策略以及工具三个板块。下面，我继续用小刘的案例，来具体讲一讲计划书的制作过程。

先简单回顾下基本情况：小刘目前 30 岁，计划 55 岁退休，领年金领到 83 岁；除社保外，小刘无其他养老收入，养老金缺口为 666.61 万。

接着，就可以开始制作计划书了。首先需要设置一个标题，直接突出客户的保险需求，比如"刘某某先生金色晚年养老金规划方案"。

然后就进入第一个板块——目标，陈述并分析客户的需求，以重新启发客户的保险需求，并带客户回顾自己买保险的目的和意义。

具体到小刘，可以这么来陈述他的需求：

刘某某先生现在 30 岁，计划 55 岁退休，领取年金到 83 岁；

目前消费水平是 1 万元 / 月，预期通货膨胀率为 3%，所在城市社保替代率为 40%；

养老资金规划：除社保外，暂无其他养老资金储备；

……

接着，结合这些信息，具体分析客户的需求，比如：

根据您当前的消费水平，按年度 3% 的通胀率测算，从您 55 岁开始，想要每月有与 1 万元同等货币购买力的资金并持续 29 年，您需要储备 1111.01 万元的养老资产。

考虑到您目前没有投资其他的金融产品，除去社保可以为您解决的 444.4 万元养老资产，要保持与现在同样的消费能力和生活品质，您的养老金缺口为 666.61 万元。

依据您 666.61 万元的养老金缺口，我为您规划了合理的投资年限和投资额度，并匹配如下几种配置方案。

计划书目标板块的内容，大致就是这些。

第二个板块是策略，需要基于需求为客户提供几种解决方案的详细信息，包括选择的金融工具、投资方式、投入资金和收益等指标。

比如，针对小刘的情况，我们可以列三个方案[①]：

---

① 以下三个方案所涉及的数据均为估算，在实际制作计划书时请结合具体案例进行计算。

　　第一种方案：银行储蓄。2021 年定期存款（一年）基准利率是 1.5%，从现在 30 岁开始到 55 岁退休，要储蓄到 666.61 万，每年大概需要储蓄 20 多万元。

　　第二种方案：以房养老。因为您所在的城市是北京，房产租售比是 1.8% 左右（2019 年数据），如果现在花费 1000 万购置一套房产，每年可获得 18 万的租金收益。待退休后出售，可以继续维持和现在一样的消费水平，一直到 83 岁。

　　第三种方案：年金险。每年交 100 万，交 3 年，按中档收益率算，可以在退休时获得 600 多万元的收益。

　　完成这一步之后，需要对比预算和收益，来帮助客户进行选择，这也是第三个板块——工具——的主要内容。适合小刘的三个方案，各自的优劣势如下：

　　第一种方案：银行储蓄。优势是比较灵活，可以根据具体的经济状况而定，可以今年少存一点，明年多存一点，只要最后存满 666.61 万就行；劣势是利息有进一步下降的趋势，无法抵抗通货膨胀。

　　第二种方案：以房养老。优势是房子有使用价值，购买之后可以居住，房租也能抵抗通货膨胀；劣势是需要现在就占据您一大笔资金，且比起购房支出，房租收益并不高。

　　第三种方案：年金险。优势是可以以相对较低的投入在未来获得较高的收益；劣势是流动性较差。

　　如果想让这份计划书看起来更精致，我建议把这些信息汇总到一张图里，将图附在文字之后（见图4-3）。这样既直观，又可以让客户进一步感受到你的用心。

银行储蓄	以房养老	年金险
2021年定期存款（一年）基准利率1.5%	地点：北京	缴费期：三年
30岁	北京租售比只有1.8%	每年交 **100 万**
55岁	需要花费 **1000 万**购置房产，可每年获得 **18 万**的租金收益，待退休后出售	买带万能险的年金保险按中档红利演算的话，55岁也会有 600 多万的收益
每年大概需要储蓄 **20 多万元**		
优势：存储比较灵活	**操作不合理**	**优势**：相对较低的投入可以在未来获得较高的收益
劣势：利息有进一步下降的趋势，无法抵抗通货膨胀	因为 1000 万一般人是拿不出来的，贷款利息支出也是要成本的	**劣势**：流动性较差

图4-3 几种养老金解决方案对比示意图

整个计划书的内容，都是基于客户的需求来制作的，而且提供了多种解决方案，并进行了详细的对比。小刘如果收到一份这样的计划书，他肯定不会觉得我只是想给他推销产品，只是想从他那里赚钱。相反，小刘会感受到我的用心，把我看作帮他解决问题的合作者。

讲解环节

请注意，计划书制作完，并不代表保险顾问的工作就此结束了，我们还需要向客户讲解计划书。

一般来说，正式给客户讲解计划书之前，保险顾问要先和客户回顾一下之前沟通的过程，唤起他的记忆，并强调方案的定制性。如果客户是小刘的话，我会告诉他："经过咱俩之前的沟通，你说你对未来养老有担心，自己现在 30 岁，想 55 岁退休养老，希望退休后的生活品质和现在一样。根据你的需求，我帮你制定了一套方案，这套方案完全是根据你的个人情况来设计的，包含了你所预期的养老生活所需的费用、目前的养老金缺口、可以选择的养老方案等。今天呢，我想和你一起再来确认一下这套方案是否真的符合你的需求。"

另外，还要向客户提出三点要求：

第一，为了不辜负您的信任，我很认真地为您制作了这份计划书，请您也认真对待这次沟通；

第二，这份计划书是我花了两个小时准备的，希望您给我半小时时间完整地为您讲解。

第三，如果您对计划有疑问，请您在我讲解完毕后向我提出来，我会为您解答。

提要求不仅可以增加保险顾问的权威性和讲解的仪式感，还能避免在讲解过程中出现客户无故打断或不认真对待的情况，保证讲解的流畅性。同时，客户越认真听你讲，你越有可能获取他关于这套方案的真实想法，然后可以有针对性地答疑，或是调整方案。

那在讲解的过程中，需要重点注意些什么呢？

首先，保险顾问在开场时需要重申目标，和客户达成策略上的共识。比如面对小刘，我会说："通过我们上次的沟通，我定位了您的需求是为自己的未来准备一笔养老金。根据您的情况，我测算了您的养老金缺口，设计了多种解决方案，等会儿我们可以一起规划一下。"

其次，在讲解具体的解决方案时，我建议每一个最好都围绕收益性、安全性和流动性这三个特质来展开，而且要把收益性放在首要位置。因为客户往往对收益最敏感，如果先演示安全性和流动性，客户可能会一直在心里盘算每个方案的收益情况，没心思去认真听你分析。

演示收益性时，可以借助三点三期规划法，把年金险和其他工具的收益对比按年龄走势汇总到图表中[①]，一目了然。同时，还可以介绍一下保险公司投资实力，比如保险公司相比其他金融机构的投资优势，以及自己所在公司前几年的投资收益数据等。

另外，再跟你分享一个我自己常用的小技巧。年金险收益一般会有低中高三档收益率，在为客户做收益演示时，我一般会这样跟客户说："按照我们的计划书，会有按照3%、4.5%和6%这3个档位的收益率，收益率不同，最终得到的年金收益也就不同。下面我分别给您演示一下（演示略）。刚才我给您的数字并不代表真实的投资水平和分红水平，只是一个示例，想让您大概感受一下保险公司根据您选择的收益率档位，能给您做到一个什么水平

---

① 由于该图表需要根据客户的个人情况及其具体选择的金融工具进行个性化绘制，因此没有定例。一般来说，只要清楚客户所选择的金融工具的收益走势，并按年龄进行对比绘制就可以了。

的投资收益。"

年金险毕竟是有投资风险的，保险顾问可以借这样的话术来判定客户是高预期型的，还是低预期型的。如果客户认为保险公司投资实现6%的收益没问题，那他就是一个高预期型的，保险顾问就可以根据6%的档位来进行演示和规划，然后根据客户的反馈来确定要不要修改保额和保费。如果客户是低预期型，保险顾问最好就按最差的收益水平来给客户计算，甚至是重定保额和保费。这样，到期后多出的资金都是超出他预期的，他会更有满足感。

而在演示安全性时，我建议着重讲解"年金险固定收益＋浮动收益的属性"和"极端情况下，保险资金受保护"这两点。基本上，客户了解了这两个信息后，都会很认可年金险的安全性。

第一个重点，所谓固定收益，是指到期后保险公司按照约定的收益率① 返还收益，这种收益方式是最安全的。虽然很多金融产品都能承诺固定收益，但年金险是目前少有的既有保底收益又有浮动收益② 的产品。换句话说，年金险能在提供较高收益的同时，承诺安全。

第二个重点——"极端情况下，保险资金受保护"，意思是：

---

① 每家保险公司的固定收益率不太一样，但大致都在2.5%~3.5%。

② 保险公司会把所有投保人的保费集中起来去投资，根据可分配的盈余，保险公司和投保人一起分红，通常是70%给投保人，30%给保险公司，这是银保监会规定的投保人最低分红比例。当然，不是每位投保人的分红金额都一样，根据大家的保费贡献度，保费投入高的，分红就会高。

退一万步讲，即便保险公司真的没钱了，它也没有权利自行解散或者宣告破产，必须要经过银保监会批准；而且批准之后，国家会做出安排，指定另外一家保险公司接管原公司的所有保单。

也就是说，保险作为管理风险的特殊行业，说它掌管着很多人的"救命钱"都不为过，所以国家会对保险行业进行非常严格的监管和保护，客户完全不需要担心出现保险公司破产或没钱赔付的情况。

最后演示流动性时，"保单贷款"是关键。一般来说，为了预防客户急用钱，具有现金价值的保单都具备可以保单质押贷款的特征。这一机制有三大优势，也是保险顾问需要着重向客户介绍的：一是贷款的年利息比较低，平均在5%左右；二是还款很灵活，采取先息后本的模式；三是计息很灵活，按天计息，所以在短时间内可以依靠保单贷款来周转资金。

讲完计划书之后，保险顾问最好再额外加个总结。比如，我会跟小刘说："根据您的养老金缺口，我选择了几种解决方案，并做了详细的对比。我认为，年金险是最合适的。"

另外，客户这时候刚听完演示，正好是他对自己的需求、各个方案的优劣势最为熟悉的时候，这是促成交易的最佳时机，千万不要错失机会。这里要提醒你，在这个环节，客户可能会有一些小问题，比如保险公司破产了怎么办、投资失败了怎么办，等等，需要保险顾问做好异议处理。但不用太担心，毕竟到这时候，客户对你提供给他的保险规划已经比较了解了，不太会有涉及整体理念和逻辑的异议，基本上都是一些具体的细节问题，你只要给出针对性的回复或建议就可以了。

像保险销售员那样单纯销售产品，或许能为你带来短期的利益，但只有提供有价值、能解决实际问题的保险规划，才能助力你进入职业发展的快车道。所以，想要实现职业升级，成为一名合格的保险顾问，必须学会保险规划这一看家本领。

05

进阶技能篇：
财富管理

如果前两章的技能你都已经熟练掌握了，那恭喜你，已经是一位合格的保险顾问了。但我们的职业发展，并不止于此。成为一名金融服务专家，在营销保险的同时，也为客户提供财富管理服务，这是保险顾问的最高段位。而要往这个方向发展，必须学会财富管理。

职业新前景：财富管理

从 0 到 1 的财富管理行业

近年来，国内财富管理行业的发展大大激发了大众对财富管理的需求，但作为非专业人士，金融专业知识有限，而资本市场的复杂性又在不断加强。因此，社会迫切需要有专业知识的顾问提供相关服务。

财富管理，从字面上来理解的话，就是管理个人和机构的财富，好像和常说的理财服务没什么区别，但其实区别很大。

理财服务，是指金融机构，比如商业银行、证券公司、基金公司等，为客户提供多种理财产品（比如招商银行的朝朝宝、聚益生金系列理财计划，以及支付宝里的余额宝等），客户根据自身情况购买一份或多份理财产品，以获得理财收益。这一服务以产品为中心，通过客户分层、差别化服务来培养优质客户的忠诚度，从而更好地销售自己的产品。

而财富管理，是围绕客户来展开的：金融机构针对客户的具体情况，为其设计出一套全面且有针对性的"财务规划"，通过向对方提供现金、信托、保险、投资组合等一系列的金融服务，来管理客户的资产、负债、流动性，以满足客户不同阶段的财务需求，帮助客户达到财富积累、财富保障的目的。

相比之下，财富管理是一种更趋于成熟的理财模式。

和国内大多数行业一样，中国的财富管理行业兴起时间比较晚。严格意义上来说，2004 年之前，国内是没有财富管理行业的。对比欧美国家，作为全球私人银行业起源地的瑞士日内瓦，据说那里早在 16 世纪就出现了私人银行家，给当时因宗教信仰流亡到日内瓦的欧洲皇室高官们提供有效且私密性很强的个人金融服务。而美国财富管理行业的发展期是在 19 世纪中后期，那时工业革命蓬勃发展，美国成为世界工业大国，大量财富被创造出来，由此产生了数量众多的富豪和富豪家庭，以花旗银行、摩根大通银行为代表的私人银行开始向这些富豪提供各项财富管理服务。

从这两个例子来看，财富管理行业的发展与居民的财富水平紧密相关。而 2004 年以前的中国还没有进入富裕国家行列，居民财富水平偏低，根本没有财富管理行业兴起的市场基础。

图 5-1 是我总结的我国 1980—2019 年居民家庭恩格尔系数（食品支出总额占个人消费支出总额的比重），它是衡量一个国家富裕程度的重要标准。根据联合国粮农组织的规定：当一个国家居民家庭恩格尔系数大于 59% 时为绝对贫困，50%~59% 为温饱，勉强度日，40%~49% 为小康水平，30%~39% 为富裕，30% 以下为最富裕。而直到 2003 年左右，我国的恩格尔系数才基本靠近了 40% 的水平。也就在这前后，光大银行、招商银行等商业银行开始尝试财富管理业务。

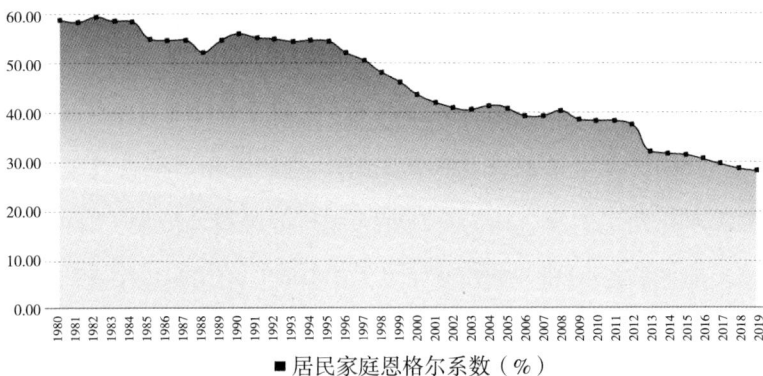

■ 居民家庭恩格尔系数（%）

图5-1　中国1980—2019年居民家庭恩格尔系数

到现在，整个财富管理行业已经发展到了一个相对理性且专业的阶段，大众对财富管理的心理也开始从注重短期高收益转变为追求长期稳健收益，希望通过一些具体的资产配置来保证自己的资金保值增值，而不是单纯地为了收益去购买单一的理财产品。

保险顾问与财富管理

那大众对财富管理的需求跟保险顾问有什么关系呢？这是因为大众对财富管理的需求是综合性、复杂性的，得多种金融工具相互配合才能满足，而保险就是其中的一种，并且是非常重要的一种。所以，作为保险代理人，保险顾问有涉足财富管理的天然优势。同时，客户在购买保险的时候，如果有财富管理方面的问题，也会想跟自己的保险顾问咨询一二。因此，不管是为了进一步拓展业务，还是为了更好地服务客户，财富管理对保险顾问来说都是很重要的技能。

具体来说，在众多保险产品中，可以实现财富管理的有三种——年金险、寿险和保险金信托，它们的优势在于"三权分立"和"信托性质"。

"三权分立"的三权，指的是保单的所有权、控制权与收益权。投保人，也就是缴纳保费的人保留控制权，有权指定受益人，有权决定退保获得保单的现金价值，并且有权拿保单的现金价值去做保单贷款。而保险公司掌握着保单的所有权，它可以拿客户缴纳的保费去投资获得投资收益。至于收益权，它属于受益人，当触发保险合同中的保险事故时，受益人可以领取保险金。

三权分立的特征使得保险和其他金融资产相比具有明确的指

向性，财产归属非常明确，可以更好地实现财富保障这一目的。与保险不同，现金、房产、股票等资产在面临离婚、继承等法律事件时，往往会因为权利归属的不明确而面临父母、子女、配偶等多人的分配。

保险在财产归属上的明确性，不仅表现在指定受益人方面，也表现在保单里不同资产的归属分配上。

比如，老刘的妻子小琴为老刘购买了一份寿险，小琴作为投保人，老刘作为被保险人。同时，夫妻俩指定唯一的儿子小刘为身故受益人。这份保单里的钱包含了现金价值、身故保险金、全残/残疾保险金、年金/生存保险金、红利、累计生息账户价值和万能账户价值。

因为负责缴纳保费的是小琴，那她就自动享有保单的控制权，以及这份保单自身所产生的价值，包括现金价值、红利和万能账户价值。如果小琴不幸身故，这些价值则由继承人享有。至于全残/残疾保险金、年金/生存保险金，归老刘所有，一旦他触发保险合同规定的事件，保险公司需赔付相应的金额给老刘。剩下的身故保险金，也就是在老刘去世后保险公司给付的保险金，归夫妻俩指定的受益人小刘。由此可见，保单里的每项价值都被分配得妥妥当当，且清楚明晰（见表5-1）。

表5-1 保单各类资产的归属权分类

	投保人生存 被保险人生存	投保人生存 被保险人身故	投保人身故 被保险人生存
现金价值	投保人	——	投保人的继承人
身故保险金	——	身故受益人	——
全残 / 残疾保险金	被保险人	——	被保险人
年金 / 生存保险金	被保险人	——	
红利	投保人	投保人	投保人的继承人
累积生息账户价值	被保险人	身故受益人	被保险人
万能账户价值	投保人	身故受益人	投保人的继承人

同时，保险在财产归属上的明确性，还体现在如果客户在投保时指定了受益人，那这份保单的收益作为受益人的个人资产，不会受投保人或被保险人的债务、遗产税或者家族其他成员遗产争夺等因素影响。

当然，也有三种特殊情况，会使保单受益人不明确：

（1）保单在没有指定受益人时，保险金会作为遗产处理，按照法定的遗产继承顺序继承，第一顺序为配偶、子女、父母，第二顺序是兄弟姐妹、祖父母、外祖父母。既然作为遗产继承，就有可能缴纳遗产税、偿还债务；

（2）指定了受益人，但受益人先于被保险人死亡，而且未及时指定新的受益人，那身故保险金也将被视为遗产；

（3）指定的受益人放弃受益权或丧失受益权，保险金同样作为遗产处理。

但总的来说，只要保险顾问在服务时注意提醒客户指定受益人，那基本上除了前两种意外，保险在财富保障上的优势还是很突出的。

保险在财富管理方面的第二大优势，是"信托性质"，这主要跟保险金信托这一产品相关。一般来说，只有在帮中高净值客户实现财富传承时，才有可能用到保险金信托。因此，这里只简单介绍一下它的内涵跟优势。

什么叫保险金信托呢？简单来说，就是委托人购买了一份大额人寿保险或年金保险，该保单以全残或死亡为给付条件，在保险理赔条件满足之前，钱都在保险公司，一旦发生理赔事故，保险金会进入信托公司，信托公司根据当初与委托人签订的信托协议，履行受托义务。这是一项结合保险与信托的金融信托服务产品，具体设立流程见表5-2。

表5-2　保险金信托设立流程

1. 提出设立计划	选择能提供保险金信托的寿险公司，与专业人员及团队接洽提出需求，由专业人员出具保险规划和信托方案
2. 配置大额保险	按保险规划方案配置大额人寿保险或年金保险，并指定受益人，保单方案须达到该公司设立保险金信托的条件。
3. 填写信托意向	将信托要实现的功能和信息，如财产多少、期限、目的、受益人、分配方式等详细信息与信托公司沟通。
4. 缴纳信托费用	信托公司确认《信托意向书》后，通知委托人缴纳费用。
5. 拟定信托合同	收到信托设立费用后，根据委托人需求，安排律师起草信托合同，并与委托人确认或修改。
6. 签订信托合同	委托人和受托人就合同内容达成一致后，签订信托合同。
7. 变更受益人	委托人在签订信托合同后，凭借合同或相关文本到保险公司，变更受益人为信托公司，并通知信托公司，完成信托合同的设立。

　　跟保险一样，信托也是"三权分立"的。委托人享有信托财产的控制权，由其决定财产的领取方式和受益人。而受托人享有的是"名义"上的所有权，可以帮助委托人进行资产管理和投资。但请注意，信托财产的利益最终是归属于受益人的，这个受益人是委托人提前定好的，不一定就是委托人自己。详细的分权内容这里就不展开了，有兴趣的话，你可以去翻阅一下《信托的逻辑》《信托制度：法理与实务》《被误读的信托——信托法源论》等著作。总的来说，在财富归属的明确性上，保险金信托有双重保险。

　　之前有人问我，既然信托也能明确财富划分，那为什么不直接用信托，而要用信托跟保险相结合的这个工具呢？家庭信托[①]不是挺常见的吗？

　　没错，家庭信托也是很好用的财富管理工具，我在下文会具体介绍，这里先告诉你保险金信托的两大独特优势。

　　第一，资金门槛较低。按监管要求，家族信托的最低门槛是1000万，一些国有银行系的家族信托起点甚至达到了五六千万，这就意味着中产阶级没法使用家族信托来实现财富传承。而保险金信托的基础是一份保单，保费大概在几百万，可以适用于中产阶层。

　　第二，具有放大杠杆的效果。家族信托没有放大财富的功能，主要依靠信托公司的资产管理来实现增值。而保险金信托自带杠

---

① 家族信托，是富豪家庭在财富传承中常选择的工具之一。信托机构受个人或家族的委托，代为管理、处置家族财产，以实现高净值人群的财富规划及传承目标。在国外，像洛克菲勒家族、肯尼迪家族、沃尔玛家族等，都会使用家族信托来实现财富传承。

杆属性，即只需投入较低的保费便可获得较高的信托资产。比如，客户要购买 1000 万保额的终身寿险，他可能只需要缴纳 500 万左右的保费，但客户身故后，他所指定的受益人可以获得 1000 万元的信托资产。

所以，相对于家族信托，保险金信托更适用于中产阶层来进行财富传承。

保险在财富管理上的优势，自然可以转化为保险顾问在这一领域的优势。因此，综合来看，保险顾问将目光由单一的保险业务转向综合的金融服务，于我们自己而言，是一个不错的职业发展选择，于保险公司而言，也可以减少公司职员的流失率。因为财富管理技能可以给保险顾问带来更多的收入，以及层次更高的客户群，增加他们的竞争优势，这样一来，他们流失去其他公司或其他行业的概率自然会降低。

资产配置管理

上文讲财富管理时，我提到它有两个目的：一是财富积累，二是财富保障。要想实现它们，保险顾问需要掌握资产配置和资产保全与传承两大技能。这一节，先介绍资产配置技能，带你了解怎么帮助客户积累财富。

资产配置的概念比较简单，指的是根据客户的投资目标和个人情况，把投资分配在不同种类的资产上，比如股票、债券、房地产及现金等，在获得理想回报之余，把风险降至最低。所以，资产配置对财富管理最重要的意义，是在风险较低的情况下获得较高的收益。

为什么说资产配置可以帮助实现财富积累呢？1986年，美国学者格雷·布林森（Gary P. Brinson）与他的两位合作者L. 兰道夫·胡德（L. Randolph Hood）和吉尔伯特·比鲍尔（Gilbert L. Beebower）发表了《投资组合业绩表现的决定因素》（*Determinants of Portfolio Performance*）一文，他们指出："投资收益的91.5%由资产配置决定。尤其对于机构投资者和高净值个人投资者，资产配置对投资收益的贡献要远远大于时机选择和具体股票的选择。"[①] 文章一经刊出，就立即引爆了投资界的新浪潮；5年后，布林森等3人再度联手撰文，用全美82只大型退休金基金10年的投资收益证明了全球资产配置的魅力。

在实际财富管理中，资产配置的意义逐渐凸显出来。一方面，投资领域已经从单一资产扩展到多类型资产，从国内市场扩展到国际市场，单一资产已经很难满足财富管理的需求了；另一方面，在复杂的市场环境下，某一资产的规模、投资品种特征、市场波动等因素都会对投资收益带来较大的波动。当然，有人会说，如果把所有资金都押在股票上，一旦遇到牛市，就会大赚一笔。这当然可以

---

① Gary P. Brinson, L. Randolph Hood & Gilbert L. Beebower, Determinants of Portfolio Performance, *Financial Analysts Journal*, 42(1986), pp.39–44.

获得很高的收益，但风险较高，万一碰不到牛市呢？而且，也不能保障在较长的时间跨度里获得稳定的收益。而资产配置，本身具有长期性，不是单纯追求收益的最大化，而是要在风险与收益之间谋求一种平衡。所以，它才是实现长期财富积累的关键。

保险顾问在为客户进行资产配置时，有两个角度可以考虑：一是微观的家庭资产配置，二是宏观的应对经济周期的资产配置。

家庭资产配置

在财富管理领域，配置家庭资产有一个公认的最佳方法——资产配置金字塔模型（见图5-2）。这个模型根据上一章介绍的蒙代尔不可能三角——流动性、安全性、收益性，把家庭资金分为多份，以盖楼的逻辑由下而上为每一份资金匹配不同属性的金融资产品类。投入的资金数量呈现由下至上逐渐收缩的趋势，就像金字塔一样，以达到家庭资产稳定的目的。

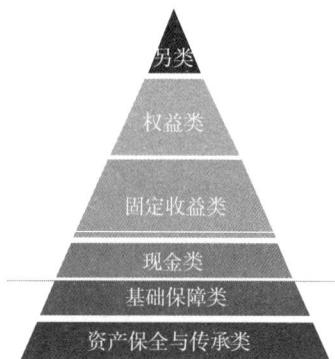

图5-2　家庭资产配置金字塔模型

那在这个模型中，每一层具体应该匹配些什么资产呢?

首先是地基，包括资产保全与传承类，以及基础保障类，它们都属于保障类。前者可以确保家庭资产不会因企业经营、遗产继承等事件而有所损失，后者则可以确保家庭成员遇到意外、疾病等风险时，可以获得风险补偿。这个地基起到的最大作用是保证家庭资产安全，所以适合放在地基位置的资产应该是具备较高安全性的，比如保险、信托等。

地基之上的第一层是现金类，用来满足家庭短期内正常生活的支出。这类资产对流动性和安全性的要求比较高，适合配置现金、货币基金、银行存款等。

第二层是固定收益类，用来在维持家庭正常支出的基础上获得安全的额外收益，实现保值增值。这类资产追求的是安全性和收益性，因此可以选择国债、银行定期存款、银行理财产品等。

第三层是权益类，追求较高收益，投资性房产、股票、基金等资产都符合需求。

最顶层是另类投资，这部分投入对收益有强烈的追求，但风险也很高，适合投入期货、私募股权基金、金融衍生品、数字货币等资产。

前些年财富管理行业的不成熟和大众投资理念偏收益化，导致很多家庭的资产配置出现问题，常见的两种不恰当的配置模型是无地基和头重脚轻（见图5-3）。

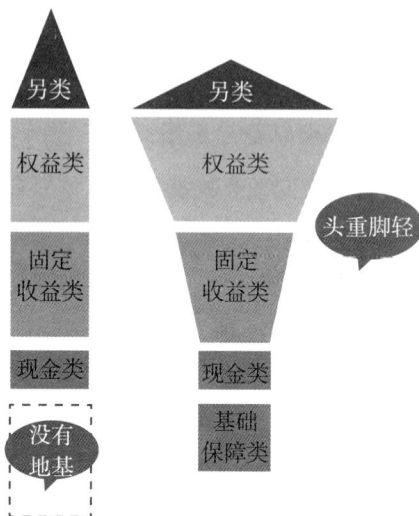

图5-3　家庭资产配置不当示意图

什么是无地基呢？就是完全忽视配置保障类资产。这样，一旦出现风险，家庭经济可能会全面崩溃。

比如，小刘一家是一个小康家庭，夫妻俩各自都有份稳定的工作，儿子刚上初一，每月收入覆盖各种支出后还有一小笔盈余。同时，夫妻俩在银行还有一笔20万的存款，以及一套每月需还4000多块钱贷款的房子。除此之外，就没有配置别的资产了，包括股票、商保等。

某一天，家庭经济支柱小刘突然被诊断出患了恶性肿瘤，CT、核磁共振等治疗项目以及大部分进口特效药都不在医保报销范围内，治疗康复费用需要12万~50万。运气好，可能那20万的存款就够了，运气不好，小刘就得面临卖房的困境。但房子还有贷款，就算顺利出手没有亏本，除去贷款可能也剩不了多少了，不一定能覆盖接下来的全部治疗费用，小刘接下来的治疗以及一家三口的生活可能都会有问题。这就是无地基带来的风险。因此，保险顾问应该建议客户优先配置保障类资产，以确保在遇到意外、疾病等事件时可以获得一笔风险补偿。

至于头重脚轻型，指的是顶层的权益类和另类投资占比很高，但基础保障和现金类很少。这种配置方式受市场影响和投资技术影响很大，如果遇到市场环境好的情况，比如牛市，收益会很高，但如果环境不好，或者技不如人，这座金字塔可能就会因为地基不稳而轰然倒塌。

举个例子，小王和妻子小白目前有 1000 万的资产，其中包括一套估价在 600 万元左右的房产。这套房产是夫妻共同贷款购买的，还剩 300 万房贷未还。除此之外，他俩还有股票 200 万，现金 100 万。同时，小白购买了一份 50 万保额的重疾险，而小王有一份 50 万保额的寿险。没多久，小王因车祸去世，妻子小白在遭受失去丈夫的痛苦时，需要一个人偿还 300 万的房贷。虽然小王买了寿险，但保额只有 50 万，还有 250 万的缺口。要凑齐这么多钱，小白必须动用 100 万现金并变卖股票，或者干脆把房卖了另外租房住。看起来也不算穷途困境，但不管用哪种方式凑钱，都会使一个原本千万资产的家庭面临巨大的经济损失。

因此，保险顾问在帮助客户构建家庭资产金字塔模型时，要格外注意两点：

（1）需要从底部到顶部依次构建，如果底层的配置目的没有达到，就先不考虑上一层级的配置；

（2）每个层级配置的资金比例没有严格的要求，要根据客户家庭收入、风险偏好、成员状况等因素来灵活调整每个层级的宽窄，但地基这层的资金投入一定要是最多的。建议资产的风险级别越高，配置的资金比例就要越低。

应对经济周期的资产配置

在不同的经济周期阶段，不同金融资产的表现会有显著的差异。换句话说，每个阶段都会有某种金融资产的表现大大优于其他资产。所以，从宏观角度来进行资产配置的核心，就是分析宏观经济周期，在不同的周期内匹配不同的资产，以保证在较长周期内可以获得稳定的收益。

目前，投资界最经典的经济周期分析工具是美林投资时钟理论。美林投资时钟根据经济增长和通货膨胀的情况，将经济周期划分为四个不同阶段，分别是衰退、复苏、过热和滞涨（见图5-4）。

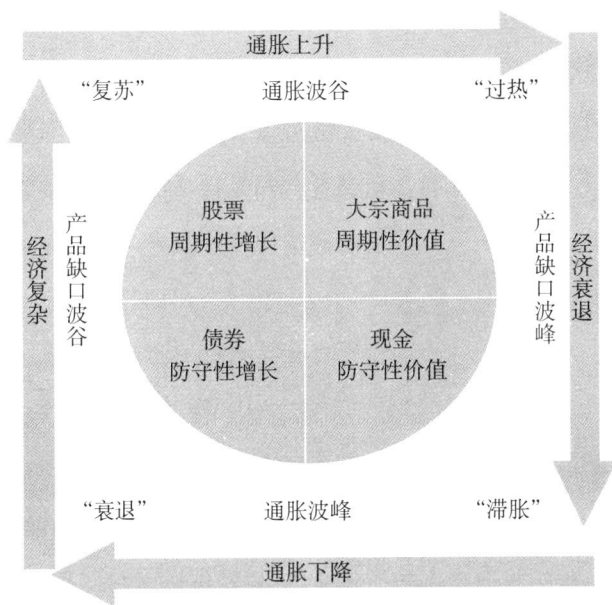

图5-4 美林投资时钟基本框架[1]

在衰退阶段，经济增长乏力，失业率持续增加，商品价格和通货膨胀都持续走低，企业盈利困难。各国政府为了维持宏观经济的稳定，通常会使用宽松的货币政策对市场进行干预，试图通过降低利率来让经济重回增长。此时，债券是最好的投资选择（债券 > 现金 > 股票 > 大宗商品[2]）。

---

[1] 任泽平、甘源：《新周期：中国宏观经济理论与实战》，中信出版社2018年版，第227页。
[2] 大宗商品，在金融投资市场，是指同质化、可交易、被广泛作为工业基础原材料的商品，如原油、有色金属、农产品、铁矿石、煤炭等。

中国在 2008 年年末到 2009 年年初这段时间，受金融危机影响，经济处于衰退阶段。[①]2008 年，政府采取超宽松的货币政策，2008 年 9 月至 12 月，央行集中实施 5 次降息和 4 次降准。当市场利率处于下降通道时，新发行的债券收益率比已发行的债券的收益率低，这样一来，存量债券的价格会上涨，相应的收益率也会跟着上涨。在国家政策的不断刺激下，再等利率低到一定程度，大家就会开始意识到长期投资是有盈利空间的，会愿意把钱用于长期投资，这就是经济回暖的开始，从而推动经济进入复苏期。

复苏阶段，在政府各项经济政策的作用下，经济趋势开始转变，经济增长逐渐恢复，而通货膨胀仍然持续回落，企业利润得以恢复，越来越多的人相信自己可以通过投资获利。此时，是投资股票的黄金时期（股票 > 债券 > 现金 > 大宗商品）。

比如，2009 年的中国就处于复苏阶段。在全球金融危机的冲击余波下，当时的政府采取了一揽子经济刺激计划：从 2008 年 11 月开始，中央果断调整宏观经济政策，实施积极的财政政策和适度宽松的货币政策，迅速出台扩大内需、促进经济增长的十项措施。到 2010 年年底，实施这些措施大约投资了 4 万亿元，这就是我们常说的"4 万亿计划"。在这些措施的推动下，中国的经济逐渐回暖，给 A 股市场也带来了极大的利好，A 股因此迎来了一

---

① 根据山西证券《大类资产量化配置之一：经济时钟结合BL模型大类资产配置》报告，中国在2008年6月30日到2011年11月30日经历了一个完整的经济周期，本书以此为依据，借中国经济这几年的发展状况来讲解美林投资时钟所划分的四个经济阶段。

轮强劲的反弹。

到过热阶段，经济的上行趋势会更加明显，通货膨胀随之不断上升，加息（提高存款和贷款利息）的可能性降低了债券的吸引力，大宗商品成为此阶段最好的投资选择。此外，与大宗商品相关的股票，也值得关注（大宗商品 > 股票 > 现金 / 债券）。

中国经济在复苏之后，于 2010 年进入过热阶段，通货膨胀不断加剧。大宗商品凭借其价格的上涨，吸引了不少大众投资。同年 4 月，房地产调控政策开始引发房地产资本大量涌出，使得大家手里的资金增多，这些钱大多都被转手投入到了大宗商品市场，使得大宗商品价格进一步上涨。2010 年的大宗商品市场，可以用"涨势如虹"一词来形容。

最后是滞涨阶段，在此期间，经济增长会开始下行，但通货膨胀仍会继续上升。同样不断上升的，还有失业率。此时，企业盈利恶化，股票市场的表现跌入谷底，持有现金是最稳妥的（现金 > 债券 > 大宗商品 / 股票）。

中国从 2011 年进入滞涨期后，通货膨胀压力一直居高不下，市场对加息的预期也因此一直存在，这在一定程度上进一步激发了投资者对持有现金的需求。而且，2011 年以来，央行连续上调存款准备金率，仅第一季度就上调了 3 次，使得银行可用于外贷的资金不断减少，这间接调控了市场上的货币供应量。货币供应量一旦减少，大众自然会更愿意持有现金，而不是把现金拿去投资，现金因此成为这一阶段最值钱的资产。

在实际工作中，宏观经济周期的资产配置运用较少，这里就不详细介绍了。基本上，保险顾问只要能掌握上面讲的这部分知识，避免在为客户服务时犯基本性错误，不会因为配置错资产而导致客户出现损失就足够了。最常见的做法，就是跟客户简单介绍一下宏观经济周期有几个阶段，帮对方大致判断下当下所处的阶段具体是哪个，然后分析一下针对这一阶段可以怎么配置资产。如果判断目前我国正处于滞涨阶段，就可以建议客户尽量多持有现金。如果想深入学习这方面的知识，推荐你去阅读《宏观中国：经济增长、周期波动与资产配置》《新周期：中国宏观经济理论与实战》等书籍。

最后，我想提醒你的是：考虑到经济阶段一旦诊断出错，会给客户带来巨大损失，所以，我们不能让客户把 100% 的资产都押在一类资产上。比如，经过宏观分析，发现当前中国经济正处于过热阶段，那我们可以建议客户把 50% 的资产配置在大宗商品上，剩余 50% 可以分成三部分配置在股票、现金、债券上。

资产保全与传承管理

一般来说，具有资产保全与传承管理需求的多是中高净值群体，但有些资产结构较为复杂的一般家庭有时也需要相关服务。不管是服务哪类客户，保险顾问需要的理论知识和技能都是相同的，只是在资金规模和管理目标上会有所差异。

资产保全与传承的风险

俗话说，富不过三代。美国布鲁克林家族企业学院的研究显示：70% 的家族企业没有传到下一代，80% 的家族企业不能传到第三代，只有 3% 的企业能够传承到第四代。根据文章《家族企业价值为何在继承中蒸发六成？》，中国香港、中国台湾和新加坡控制的上市家族企业一共有 250 个，在交班的 5 年之内，这些家族企业的市值平均滑坡幅度高达 60%。

因此，面对持有家族企业的中高净值客户，保险顾问在为对方实现财富积累的同时，也要努力确保客户的所有资产能够被保全和传承。注意，这里的资产保全既包括个人资产保全和企业资产保全，也包括当个人资产或企业资产发生风险时保全另一方资产不受牵连。

很多客户会认为资产保全与传承管理并不重要，因为资产已经掌握在自己手中，只要不随意投资高风险、不肆意挥霍，就不会缩水。至于传承，就更简单了，等时机一到，把企业和各种资产给到自己的后代就可以了。

事实真的如此吗？来看两个例子。

第一个案例是因离婚导致的财富缩水。2019 年，福布斯官网发布美国 400 富豪榜，亚马逊创始人兼 CEO 杰夫·贝索斯（Jeff Bezos）蝉联冠军，但他的身家却从一年前的 1600 亿美元降至

1140 亿美元，减少了 460 亿美元。而让他身价大幅缩水的重要原因是离婚：同年 1 月份，贝索斯宣布与妻子麦肯齐·斯科特（MacKenzie Scott）结束 25 年的婚姻，经过协商，麦肯齐获得亚马逊 4% 的股份。按照当时的交易价格，这笔资产的价值接近 380 亿美元。

第二个是财富传承失败的案例。海翔药业的创始人叫罗邦鹏，他从 20 世纪 70 年代末开始，用了 40 年的时间，把一家乡镇企业日化小厂经营成了一家上市公司，是一个非常优秀的企业家。虽然是家上市公司，但家族企业的痕迹还是很明显。2007 年起，罗邦鹏逐步退居幕后，其儿子罗煜竑于 2009 年 4 月出任董事长。2010 年，罗邦鹏将其持有的 3480 万股 (占总股本的 21.68%) 海翔药业股份转让给罗煜竑，使他成为公司的实际控制人。

从 2013 年开始，罗煜竑每次在资本市场出现，总是和"减持"有关，不到 4 年，就把企业的控制权拱手让给了他人。坊间传闻，罗煜竑是因赌博欠债，才不得已贱卖了全部股权，但罗邦鹏否认了这一说法。不管是否跟赌博有关，从结果来看，罗煜竑的确没有承袭到他父亲的经营智慧和驾驭巨额财富的能力。

究其原因，这两个例子都失败在了方式的选择上。一般来说，资产保全与传承的方式，可以分为自然型和主动型。

自然型保全，指的是提前不借助任何工具和措施来维护资产的完整，当财产需要被分割时，按法律流程进行分配。这种方式的不足在于，一旦发生意外，比如离婚，自己辛苦积累或父母赠与的财富就有可能会被分割，就像贝索斯那样。主动型保全，指的是利用合法、有效的财务管理手段对企业或个人的资产进行保全，比如借助保险、财产公证等工具或手段来防止财产流失。

而自然型传承，指的是不做主动传承安排，身故后遗产通过法定继承的程序分配给后代，这是一种被动的传承。这种传承方式存在很多漏洞，比如有的人会选择把财产一次性传给后代，但后代可能并不具备驾驭财富的能力，会出现挥霍财富或投资失败等问题，罗邦鹏案例就是个典型的案例。主动型传承，指的是运用遗嘱、赠与、保险、家族信托等工具实现定向传承的目标。

很明显，对中高净值客户来说，最好的选择就是主动型保全和主动型传承。但这就不是客户自己能做到的了，因为其中涉及法律、税务、财富管理、企业管理等多个领域的专业问题，只有专业人员才能做到。

在帮客户管理之前，保险顾问需要了解影响对方资产保全与传承的风险具体是什么，然后对症下药。一般来说，造成财富动荡的风险主要有两类：资产划分不清和财富分割。

资产划分不清

资产划分不清的风险多出现在资产保全上，具体可以分为两类：一是因合伙人之间的股权划分不清，导致个人风险向企业传导；二是因公司和个人资产划分不清，导致企业发生问题后把风险蔓延给个人和家庭。

在什么情况下，个人风险会向企业传导呢？

第一种情况是代持，也就是委托持股，以受托人的名义代替委托人履行股东的权利和义务。找人代持的原因有很多，包括想隐藏实际资产、因身份特殊需要避嫌、关联交易等。比如，一家公司的 CEO 李总和董事长刘董各持 30% 和 40% 的公司股权，刘董因为家里急需一笔钱，就想转让 10% 的股权给李总。如果走正常的股权变更流程，双方需要缴纳所得税，同时还需要所有股东签字同意，比较麻烦。所以，他们选择签订代持协议，让 CEO 李总代持刘董 10% 的股权。在现实生活中，代持其实很常见，但从风险管理的角度来看，这种做法其实很不可取。因为后续很可能会因为利益分配等问题出现纠纷，比如 A 代持了 B 的股权，但事后 A 不承认等，轻者伤感情，严重的会导致股东分家。

另一种情况是因股东人身风险、突发状况影响到企业。中国擅长讲人情，这种观念有时也被应用到企业经营中，很多企业的合伙人 / 股东就是由发小、同学，甚至是亲属组成的。这样一来，如果没有相应的法律机制约束，他们之间的权属利益会很容易纠缠不清。尤其当企业规模达到一定程度，股东之间的权益又缺乏规划和管理时，一旦发生突发状况，企业很可能就会面临风险。

举个例子。北京小马奔腾文化传媒股份有限公司（下文简称"小马奔腾"）是国内最早成立导演、编剧工作室的影视公司，曾经制作过多部优质影视作品，包括《无人区》《历史的天空》《甜蜜蜜》等，一度被看作中国影视领域的"黑马"。不幸的是，2014

年，年仅47岁的创始人李明突然因病去世，而小马奔腾作为一家家族企业，在当时还没有完善的股权架构。紧接而来的姑嫂争权乱象，最终使得这匹"黑马"走向了没落。

针对个人风险向企业传导的这两种情况，保险顾问有三个方法可以用。

第一，除了提前明确股权责任，还要谨慎看待股权问题。如果客户是创业企业的老板，初期因故没能明确股权分配，那在公司成熟、股东稳定的时候，保险顾问可以建议客户通过正规的工商注册、专业的员工持股计划来进行补救，或者成立有限合伙人公司进行统一管理。

第二，通过购买保险，把一些风险转嫁给保险公司，比如股东互保，或者用公司的名义给高管、股东购买完善的团体医疗保险和高额寿险。在国外，还有将保险受益金用于回购股份的案例。这样做是为了防止因为遗产继承，导致股权落到不懂经营的人手里，干预公司正常发展。

假设现有一家公司由3位股东，即小王、小刘、小白，他们各出200万创立公司，注册资金共计600万元，2年后公司资本增长到1亿元，但账面流动现金只有100多万元。这时，小刘应酬客户后突发急症身故，他的妻子提出要求：一，撤回原投资200万；二，领回2年内公司应分但未分的分红30万；三，小刘是为了公司出的事，公司应给予100万元抚恤金。同时，小刘妻子还提出，如果1个月内没有收到这330万，她将以400万元的价格把小刘所持有的股份转让给公司的竞争对手。面对这些要求，股东小王和小白很为难，他们并不是不想给，而是账面资金只有100多万，但不照做的话，公司的部分股权就会被竞争对手收购。

如果这3位股东提前进行了股东互保，这事就好办了。所谓股东互保，是指股东之间以一方身故为给付条件的人寿保险，保险赔偿金只能用于购买身故股东所持有的公司股权。如果倒退到2年前，保险顾问可以建议他们在创立公司之初，拿注册资金的一小部分为每位股东进行投保，保额200万元，等之后公司资产有大幅度增长后再建议追加。比如，在2年后公司资产涨至1亿元的时候，有经验的保险顾问一般会建议客户再追加200万的保额。要是这3位股东按照保险顾问的建议做了，那当小刘意外身故后，保险公司就会赔偿400万元，用来购买小刘持有的股份。这样，小刘妻子可以得到钱，公司也能继续稳定运营，双方都满意。

所以面对企业主客户，尤其是企业有多位股东的情况下，保险顾问可以建议客户采取股东互保或者给股东购买商业保险的方式，将公司风险转移给保险公司。

第三，对于规模更大的企业，比如上市公司，保险顾问还可以建议客户在国外设置信托，把公司的股份交给信托机构来管理，彻底规避掉"人"的风险。

举个例子。在龙湖地产上市前，龙湖地产董事会主席、中国女首富吴亚军与其丈夫蔡奎便已各自设立了家族信托，将即将上市的公司股权分别转移到其中。2012 年 11 月，龙湖地产证实两人离婚的消息。由于夫妻两人的股权分属两个信托公司持有，就算夫妻关系不在了，他们的股东身份依然稳固，因此在公司利益上的立场是一致的，都不希望因离婚而导致公司股价和运营受影响。所以，双方可以坐下来好好协商离婚事宜，不至于打官司扯皮。经过讨论，吴亚军和蔡奎就各自股份的增减达成了一致。也就是说，这场婚姻变故对龙湖地产的股价和公司运营没有造成任何实质性的影响。

个人风险会向企业传导，企业风险也有可能蔓延至个人和家庭。有些企业主的观念是，理所当然地认为公司是我的，公司需要的时候，我的就是公司的。可是，公司是独立的法律主体，拥有法人人格和独立财产权。基于这个前提，如果企业资产和个人资产混为一谈，公司的独立法人人格就很难获得法律认可，失去"有限责任"的保护，一旦出了问题，公司的风险就会蔓延传导给个人和家庭。比如，股东如果不能证明公司财产独立于股东的个人财产，那他个人就得对公司的债务承担连带责任。相反，在"有限责任"的保护下，公司的债务就会被局限在公司内部，不会波及企业主的个人资产。

对于可能会面临这类风险的客户，保险顾问需要明确客户的个人资产和企业资产，同时帮助他在实际生活工作中把这两类资产区分开。比如，可以告诉企业主：该给自己发工资就要发，该分红就要分红；自己给公司的钱，要记好借款，不要拿家里的钱填公司的缺口，也不要以个人名义在外借外债，然后拿来给公司用，否则出了问题，债务会连带给家庭。

财富分割

在资产传承的过程中，常常会因家庭结构的变化（客户这一代或下一代发生家庭变故），出现财富分割风险。

客户这一代的家庭变故主要体现为夫妻离婚。当然，首先我们得承认，夫妻关系好、家庭结构稳定才是对家族财富最好的保护，比任何金融工具都要高效。但同时，作为保险顾问，我们要为客户防患于未然，保证客户在变故发生时遭受到最少的损失。夫妻双方协商签订婚内财产协议，是应对不确定性财产风险最有效的方式，比如可以约定一方自愿放弃婚后配置财产的所有权。这种方式虽然不像家族信托那样能把夫妻双方的财产完全分割开来，但至少能避免在事故突发时因财产处置不清而产生纠纷。

而跟下一代有关的财富分割风险主要集中资产的传承上。比如女儿成家后，父母就把财产全都给了她，这之后如果女儿跟她丈夫感情不和离了婚，那原本传给女儿的财富可能就会被女婿分走一部分，这对父母来说是一种精神和经济上的双重打击。至于多子女家庭，以及有非同胞兄弟姐妹的再婚家庭，就更容易在遗产传承问题上出现风险了，比如兄弟争夺家产、非婚生子女跟婚生子女争夺遗产、父亲去世后继母与原配子女争夺家产，等等。

中国人在传承财富时最常用的方式是赠与和公证。赠与，指的是将自己的财产无偿给予受赠人、受赠人表示接受的一种行为。比如，孩子要结婚了，父母拿钱买套房给他作为婚前房产，或者生命即将走到尽头时把一辈子存下的钱放在储蓄卡里给孩子。

可能我们身边很多人都是这么做的，甚至有点儿约定俗成的意味了，但我们不能因此就忽略了赠与可能存在的隐患：

（1）很多赠与行为只是口头承诺或发生在私下场合，这样的赠与在事后都可能会变成争议财产；

（2）孩子结婚后，把父母给自己买的婚前房卖了换新房，婚前个人财产也就随之变成了夫妻共同财产，一旦婚变，这个资产也要被分割；

（3）父母在子女婚前赠与对方一张存有现金的储蓄卡，如果婚后用于自己小家庭的日常开支和理财投资，导致流水混合了，那父母之前的现金赠与就可能存在争议；

（4）父母在子女婚后赠与的财产，法律上会优先推定为赠与小夫妻俩，属于夫妻共同财产；

（5）如果孩子是外籍，可能还会征收遗产税。

如果说赠与是因为比较随意才会有这么多隐患，那公证有法律效益，会不会比较有用呢？得分情况。财产公证有很多种，比如常见的婚前财产公证、继承公证、遗嘱公证、合同公证、企业公证等。这里以婚前财产公证举例。如果婚前财产公证的是父母给的一些现金资产，或者是一些固定收益类资产，那问题不大，财产归属权很明确，不会突然变成小夫妻俩的共同财产。但要是公证的资产有增值部分，比如房产、股票等，那法律只保护这些资产在公证时所具有的那部分价值。比如，小刘的女儿小小刘在婚前公证了一套她爸妈给她买的房产，如果她之后离婚，可以得到跟签署公证当下那套房产价格等同的资产。但是这套房婚后增值的部分，小小刘不能一个人占了，得跟她老公平分。再比如，结婚的时候一只股票值 10 块钱，离婚的时候涨到 30 块，那 20 块钱的增值部分，也是要两个人分的。

赠与跟公证之所以有时候无法解决跟下一代有关的财富分割风险和继承纠纷，是因为在明确财产归属的方面，它们的合法性会被质疑。比如，质疑父母在赠与或公证时神志是否清楚，有没有受到受益人的诱导，或是有没有受到道德绑架等。

那保险顾问能做些什么，来帮客户明确财产归属，规避跟下一代有关的财富分割风险呢？

这里我提供两种方法。第一种方法，是把子女指定为保险受益人。保险在财富归属明确性上的优势，我在上文已经介绍过了，主要跟"三权分立"有关。因此，如果客户想给女儿一定金额的嫁妆，不一定要给房子、股票或证券，可以通过购买保险并指定子女为受益人来进行，这样就有效规避了子女的婚变风险。

举个例子，小刘想给女儿 100 万的嫁妆，如果买一套小公寓的话，未来可能还会升值，但问题是就算把这套小公寓做了公证，增值部分和房租也属于夫妻共同财产，买股票也是如此。但如果小刘给女儿买的是年金险就不一样了，他可以指定女儿为唯一受益人，从而确保这笔钱只会给到女儿，甚至小刘还可以在小小刘与丈夫吵架冷战的时候让保险公司暂停发放年金，等到小两口婚姻稳定后再恢复。

注意，如果客户想传承的资金额度较大或者想要个性化的传承设置，那可能一般的险种就有些不够用了。这时，保险顾问可以帮客户配置保险金信托，在保险的基础上实现信托的部分功能，比如可以设定子女在求学、结婚、生子时可以获得一笔信托资金，避免受益人的监护人挪用保险金。同时，投保人可以增加或变更受益人。

举个例子，老王是位成功人士，他希望自己的后代不会因为自己留下的巨额财富而失去上进心，但他的儿子小王因为家庭条件的优越，打从心底认为自己不用学习和工作也能生活得足够好，因此失去了拼搏的劲头。于是，老王选择订立保险金信托来激励小王，在信托协议中约定每月给儿子基本的生活费，读书时会有额外的学费，考上高中、大学、研究生都可以获得数额不等的奖学金，如果儿子未来创业，还能领一笔创业金。老王希望通过这种方式，来激励小王不断努力。

与此同时，保险金信托还可以避免儿子的监护人、自己的前妻小张在小王成年之前挪用保险金。因为财产都在保险金信托里，即便是受益人小王自己也不能随意使用这笔钱。而且，在他成年之前，按老王的设置，保险金信托只支付小王的生活费和学费，等到他成年后，才会陆续把财富给到他。

如果老王和他现在的妻子有生小孩的打算，那为了防止日后小王跟弟弟／妹妹因为财产反目，老王还可以在孩子出生后增加受益人，把信托里的一部分资产分给第二个孩子继承。

最后，还可以建议客户设置家族信托，将资产交给信托机构，进行专业化管理，按自己的意愿明确信托受益人，包括分配的时点、条件以及分配的频率。比如李嘉诚为避免自己的两个孩子争家产，就借助了家族信托来安排财产传承问题：大儿子李泽钜接棒管理李氏帝国，二儿子李泽楷自己创业但享受公司分红。如此，两个儿子既都有财富继承，又有兄弟亲情在。

同时，家族信托还有三个优势：

第一，它的财产保护功能是法律赋予的。我国《中华人民共和国信托法》（下文简称"《信托法》"）第十五条对信托财产的独立性做出了规定："信托财产与委托人未设立信托的其他财产相区别。设立信托后，委托人死亡或依法解散、被依法撤销、被宣告破产时，委托人是唯一受益人的，信托终止，信托财产作为其遗产或清算财产；委托人不是唯一受益人的，信托存续，信托财产不作为其遗产或清算财产。"

也就是说，信托财产不会因家族企业经营状况的好坏或个人财务情况的变化而遭受影响，而且能够在可靠受托人的管理下存续并取得收益，达到家族财富延续的目的。这是家族信托能够良好地实现财富传承功能的法律前提。

第二，家族信托在财产保护方面具有灵活性，信托的条款可以由委托人与受托人自行协商约定。委托人的任何要求，只要合理，都可以通过灵活的条款设计来实现。而受托人在对信托财产管理过程中，也不会过多地受到委托人的干涉和限制，自主性强，管理效果也会更佳。

第三，家族信托还具有财产管理功能，即基于受托人的契约精神，为委托人管理财产以实现收益最大化。在较长的周期内想要实现财富的保值增值，这就需要财产的管理者具备丰富的投资经验和技能，而一般家族中的继承人可能并不具备这样的素质，最好是交给专业人士来负责。

注意，家族信托的财产必须是合法合理的，否则上述的好处一个也享受不到。我国《信托法》第十一条规定，有下列情形之一的，信托无效：（一）信托目的违反法律、行政法规或者损害社会公共利益；（二）信托财产不能确定；（三）委托人以非法财产或者本法规定不得设立信托的财产设立信托；（四）专以诉讼或者讨债为目的设立信托；（五）受益人或者受益人范围不能确定；（六）法律、行政法规规定的其他情形。

用家族信托来实现财富传承最典型的例子，是美国的洛克菲勒家族。家族的第一代——约翰·洛克菲勒（John Rockefeller）——在19世纪下半叶创办标准石油公司（Standard Oil），通过石油生意积累了巨额财富，创建了美国历史上规模最大的石油企业集团，他也成为美国第一位个人财富超过10亿美元的富豪。到现在，洛克菲勒家族已经传承到了第六代。

老约翰去世后，儿子小约翰·洛克菲勒（John Rockefeller, Jr.）继承了大量的财富，也因此承受了巨大的压力。于是，小约翰选择以信托的形式将财富——主要是老约翰留下来的石油股票——传承给后代。据说，洛克菲勒家族的成员在 30 岁前只能获得分红收益，不能动用信托本金，30 岁之后如果想动用本金需要经过信托委员会同意才行。同时，洛克菲勒家族成员在成年以前，家族信托是他们的支持和教育平台，他们在信托的支持下可以衣食无忧，接受最好的教育，并有机会参与信托慈善板块的管理，进入信托投资板块学习基本的金融技能和企业管理技能。成年之后，家族成员将会面临选择，部分成员不会从事家族事业，而是追求自己的爱好，成为单纯的受益人，但更多的家族成员会选择进入家族的事业板块，比如家族企业、家族慈善组织，甚至家族办公室，他们会从较低的岗位做起，慢慢成为所在板块的管理者和领导者，为家族创造更多财富。

学会资产配置和资产保全与传承这两大技能，保险顾问基本上就可以升级成为金融服务专家了。这其中涉及很多专业知识，比如投资规划、个人税务、遗产筹划等，比较复杂，需要进行系统的学习才能掌握。我建议你可以去报名参加 CFP（国际金融理财师）、RFC（国际认证财务顾问师）等专业职称的考试，有这么一个目标，学习起来会更有动力，也更有规划。同时，这些职称也会反过来为你的工作赋能，比如为你提供信用背书，从而降低沟通成本。

随着财富管理行业的日益发展，客户对保险顾问还会提出更多的要求。本书所介绍的基础、核心、进阶技能，只是我根据现在的市场需求和个人的从业经验总结的，要跟上保险的发展节奏，更好地迎接未来的市场机遇，我们还需要不断充电、提升自己。

最后，我借用并修改奥巴马的一句话送给正在阅读此书的你："保险行业之所以伟大，并非由于它完美无缺，而是由于我们相信它可以不断地得到改进，正是因为它并不完美，我们才要不断进步。"让我们一起，为这个行业的美好未来贡献自己的力量，同时创造属于自己的保险事业！

06

"InsurStar"
人物访谈

业内高手经验谈之唐洁

唐洁

15年金融保险从业经验

中信保诚首席行政总监

康达家族企业家传承俱乐部创始人

康达商学院名誉院长

康达总监学院院长

2021百万圆桌会员交流委员会（MCC）成员

国际认证财富管理师（CWMA）

国际注册财务规划师（RFA）

国际注册财务规划经理（RFM）

国际认证财务顾问师（RFC）

1. 当初选择进入保险行业的缘由是什么？

唐洁：我以前是一家 IT 公司的高管，直到 2005 年才转行进入保险行业。当时我 34 岁，干 IT 已经干了快 14 年了。很多人都不太理解我为什么要选择从头开始，如果继续待在 IT 业，人脉、经验都是现成的，难道不更有前景吗？

我那时选择转行，主要有两个考虑。

　　一是 IT 行业工作压力非常大，一年中有 7~8 个月都是在外出差，每天疲于奔命，几乎没有时间照顾家庭和孩子，无法维持工作和生活的平衡。

　　二是在高薪之下，我嗅到了职业危机感，开始思考这份工作我能不能做到退休，这份工作是否具备"匠人"属性，越老越值钱。

　　当时，我所在的公司正处于困难期，需要缩减用人成本。作为公司高管，我被任命去完成裁员工作，这让我开始意识到这份工作不能让我做到退休。现在我帮助公司裁人，未来我可能也会被裁掉，它似乎不值得我拼尽健康和家庭而把它当作一生的事业。我希望自己能够掌握所从事工作的主动权——只要我足够努力、足够优秀，就不会因年龄或市场等因素被某一家公司或某一个行业所淘汰。

　　另外，我逐渐意识到 IT 高管这份工作并非越老越值钱。想赚钱，要么靠体力，要么靠脑力。IT 行业大部分的从业者都是靠体力在换取金钱，我需要拼命加班、出差，才能确保自己对公司来说是有价值的，从而保住这份收入还不错的工作。但随着年龄的增长或者健康等问题的出现，靠体力获得的收入会保持稳定甚至锐减。所以，我决定换一份越老越值钱的工作，靠脑力赚钱，给自己的未来添加一份保障。

　　之所以选择换到保险行业，而不是去其他和 IT 关系更近的行业，跟我的一个同事有关。就在我考虑换工作的时候，他得了重大疾病，但因为之前没有买过任何商业保险，只得自掏腰包支付治疗费用。这让我意识到了保险的重要性，打算为自己买份重疾险。但当时身边并没有做保险的朋友，我只能给各家保险公司打电话，让它们给我推荐最专业的保险代理人。2004年的时候，保险市场还是以推销为主，保险顾问几乎没有，我遇到的都是保险销售员。他们见到我后，都不会问我具体有什么需求、有什么想法，而是直接推荐我买10万保额的产品。但对我来说，10万远远不够，因为这只是我一两个月的工资，并不能满足我的保障需求。于是，我开始自己研究产品、对比条款，结果就是，等到下次再和代理人沟通时，他们说我讲得比给他们培训的老师还要好。这让我开始思考，自己是否也可以做保险这一行。

之后，我用了6个月的时间去了解保险行业，也去实地参观了多家保险公司，发现保险行业真的值得做。首先，保险公司通常不会主动裁人，除非是保险顾问业绩不达标或是犯了原则性错误。也就是说，与其他职业相比，保险顾问可以掌握较多的主动权，只要自己努力、勤奋，就能做到不被裁，甚至做出一番成绩。其次，保险顾问是一份专业性极强的工作，属于靠脑力赚钱的类型，符合我的要求。最后，保险是介于传统行业打工者和传统模式创业之间的一种机制，保险公司为从业者提供各项技能培训、展业服务和产品。在此基础上，从业者享有自主权，业绩的完成完全依赖自己，只要个人积极努力，就能获得客户资源、晋升空间和不错的收入，这就相当于我可以借助公司的平台为自己创业。

于是，我毅然决然地提出离职，加入保险行业，加入中信保诚。到现在，已经 15 年多了。

2. 在刚入行的阶段，作为一个小白，您做了哪些动作帮助您较快地取得成绩呢？

唐洁：我对自己的要求是比较高的，在每个职级上必须做到全国第一。2005 年 4 月 1 号我入职中信保诚，到 12 月 31 号，我就做到了中信保诚全国个人业绩的第一名。而且，在新人班时，我曾经一天完成 32.8 万元的保单，这在当年算是非常好的成绩了。在中信保诚，我至今仍然保持着全国最快晋升总监的记录——两年半，从一张白纸做到总监。

对于做保险，我一直坚持两个理念，一是做保险要用营销理念而不是销售理念，前者是经营产生销售，后者是把保险单纯当作一种商品推销；二是一定要用脑子做事，而不是靠腿，也就是体力做事。

基于这两个理念，在新人阶段，我主要做了三件事，来让自己迅速脱颖而出。

一是打造个人 IP。虽然现在大家都觉得这个属于老生常谈了，但在当时那个年代，做到并做好这一点的人其实相当少。那时没有微信，常用的就是邮件，为了打造个人 IP，我会在给每位客户的邮件中都加上自己的 slogan："无可救药的乐观，莫名其妙的兴奋，永无止境的学习，翻天覆地的经营，请记住我是唐洁，凡经我手，必更繁荣。"

另外，每个月我还会给所有客户写一封名为"感恩的心"的信，向他们表达我在 34 岁这个年龄转型加入保险行业并不是一时冲动，而是在我人生最成熟的阶段，经过深思熟虑后做出的选择，因此我会一直做下去。同时，我在信里也会给他们描述我对自己未来的设想，告诉他们我一定会成为怎样的保险代理人，让他们可以信任我、支持我。这样的行为可以让客户感受到我选择进入这行的决心，慢慢地，他们开始向我咨询保险问题。^①我认为，在新人阶段取得客户的信任和支持很重要。

建立起信任之后，我还会定期做各种营销，就像经营一家公司一样，自己做宣传、做海报、做印刷品，等等。

二是在见客户之前，先将产品研究清楚。初期，我花费了大量时间研究产品，并且针对不同类型的客户，准备了好几个产品组合。比如，对于有疾病担忧的客户，可以把重疾险和医疗险组合在一起推荐给对方；如果是为客户家庭里的经济支柱购买保险，可以将定期寿险、意外险和重疾险组合。什么样人适合买什么样的产品、怎样买最划算，这些我都研究得很透，甚至把条款等内容都背了下来，避免和客户见面时需要拿出一堆文件来讲解，争取给客户留下专业且靠谱的好印象。

---

① 以前，很多保险销售员的工作态度和专业储备并不太合格，所以，当客户身边出现这样一位既真诚又有足够专业素养的代理人时，他们自然会很愿意找她咨询保险业务。

三是高度自律。在外人看来，保险行业的时间很自由，但我非常自律，在我入行的 15 年里，我一直坚持每天工作 8 小时。另外，我会规划日常事务时间表，比如什么时间处理客户的事、什么时间处理团队的事、什么时间处理主任的事，等等。一周的时间我会系统地安排好，不让自己乱了脚步。

3. 结合您个人和同事的经验，您认为做好保险顾问需要具备哪些特质？

唐洁：第一是内心坚定，这种坚定并不是说对行业和职业的坚定，而是心理素质，个人情绪要保持稳定。很多人做不好保险是因为他没有稳定性，性格波动太大，今天高兴干得不错，明天不高兴就不干了，这种是不行的。

第二是需要目标感，他永远得知道自己想要的是什么。保险行业一个特别大的特点就是没有人指挥或者规划工作，只有自己有目标感，才有足够的驱动力去努力实现目标。

第三是自律性，保险行业没有人会特别约束你，工作也不是坐班形式，这就需要你高度自律。

我觉得能做到这三点，再加上些学习能力，这个人很快就能成长为一名合格的保险顾问。

4. 您认为现在的保险销售市场和前些年相比，发生了什么变化？

唐洁：我刚进入保险行业时，市场还是以人海战术为主，业绩主要靠推销、拉客来实现，并没有像现在这样讲究客户需求分析等。当然，我没有跟着主流走，我在见客户之前一定会先研究客户的情况和需求、可能用到的产品及条款，也就是根据客户的需求去匹配相应的产品。可以说，我这种工作模式在当时的行业内是比较少见的，算是鹤立鸡群吧。

而且，当时保险行业还处于萌芽期，在大众看来保险是可有可无的，很多人认为自己有社保，不需要再买商业保险。在这种市场背景下，从事保险行业在旁人看来并不是份体面的工作。当时，我和家人朋友说我在保险公司工作，他们都很意外，说："你怎么能和卖保险的同流合污呢？"

这些年，保险市场真的发生了很多变化。

第一，销售形式越来越多样化，原来保险顾问的销售形式基本上就是电话销售和陌拜（对陌生人进行登门拜访）。互联网兴起后，大家开始接触网络运营，包括打造个人 IP 等，有各种各样的形式来宣传自己和保险，比如录制抖音小视频、做微博自媒体等。你会发现，保险销售已经从原来一个一个客户去对接销售过渡到了一片客户群体营销的阶段。

第二，保险顾问需要找到自己的价值坐标点。以前保险市场的发展劲头还不大，大众对保险的认知也不够，中高净值客户更愿意把钱投入到实体经济或者理财产品上，在借保险做好家庭保障的时候，一般只看保险公司和保险产品。但现在，中高净值客户不光会看公司、看产品，也很在意保险顾问能给自己带来什么价值，包括金融服务、背后的商业资源等，这也是行业近年来一个特别大的变化。所以，保险顾问不能只把眼光和工作重心局限在产品本身，还需要努力挖掘自己的价值点。

第三，在利用保险抵御风险的同时，大众，尤其是中高净值群体，也越来越关注保险的理财功能。过去，像企业家、企业主这样的中高净值群体，在投资的时候一般不会考虑买保险，他们更乐意把钱投到实业或是股市。但现在不一样了，这类客户越来越意识到保险在财富管理上的独特价值，开始往保险领域配置资产。

第四，行业形象也越来越好。现在已经没有人质疑我当初的转行决定了，甚至他们还会夸我："当初你怎么那么有远见，选择了进保险行业？"

5. 针对目前保险行业的发展，您对未来保险行业的前景有什么看法？

唐洁：我觉得未来中国的保险行业，应该会是我在美国、加拿大看到的那样，非常受人尊敬，大众也不会再认为保险很贵、用不上了，而是会很愿意来主动了解并购买。

目前中国的保险市场还没有做到这个程度，主要是因为保险真正的理赔高峰期还没到来。我们这代人基本上是没见过理赔款的，像我爸妈，他们已经六七十岁了。我父母这代人在年轻的时候，保险意识很薄弱，经济条件也有限，很少会有人给自己和儿女买保险。现在虽然开始意识到保险的重要性，但受年龄和健康因素影响，很多人已经不符合投保条件，买不了保险了。所以到目前为止，我们这代人大多数都还没见到过理赔款。而我们的子女是可以见到的、我们自己在将来也可能会见到，因为不管是短期的健康险，还是长期寿险、年金险，我们这代人已经开始主动为自己和子女配置保险了。

另外，现在保险行业的监管力度越来越大，越来越严格，这是件好事。我们都知道，在中国，当一个行业体量足够大时，国家就会开始重视它，并出台一系列政策来保证行业的正常发展。这种严监管是利好保险行业长期健康发展的，一方面，它可以推动各保险机构不断优化经营发展模式，另一方面，它也有助于保险行业发展从重规模增长向重高质量发展转型。

还有一点，未来的保险市场一定会进一步分化，如果你还处于行业金字塔塔基，做着简单的销售工作，大概率会被互联网保险所取代。而保险顾问主要服务于中高净值人群，这些客户是没办法从互联网买保险的，因为他们对从业者的要求很高，除了要求对方具备专业的保险知识和技能，还要求对方必须得对其他领域，比如金融、法律、医学等有一定的熟悉度。因为中高净值人群的需求是多元化和个性化的，如果只懂保险，会很快失去这类客户对我们能力及专业的信任。

6. 现阶段以及未来，"优增"都会是每家保险公司在做的事，您认为保险行业有哪些优势可以吸引到优质人才？

唐洁：我觉得保险行业的优势太多了，我挑两个最关键的说。

第一，对比传统打工者和创业者，保险行业的成功更加可控。打工者在走往成功的道路上，需要做对很多选择，比如选对合伙人、选对行业、选对公司等，同时还要考虑这份工作自己能干多久、工资收入怎么提升等。

如果是创业的话，需要考虑的就更多了，包括投入多少本金、选择什么行业、政策是否有倾向、背景和资历是否足够，等等。因为一旦亏损，可能就会一夜回到解放前，想要再赚回来可不是件容易事，所以必须得提前都规划好。如果遇到类似于疫情这样的突发事件，还需要多操心员工的生活问题，比如防疫物资是不是足够，居家隔离会不会影响正常营收从而影响基本生活等。

所以，传统打工者和创业者需要考虑和操心的事情很多，也很复杂。

而保险行业的机制相对比较简单。首先，它零成本，不需要投入金钱，只需要投入时间和精力。其次，从业者的发展前景是可预期的。比如，在我们公司，按基本法，最短两年半可获得一次晋升。当然，每个人过去的背景不同，能力也有差，晋升花费的具体时间有长有短，但有基本法在，总不会比别人慢太多。而且，你可以根据晋升的要求去做一些规划，通过努力，是可以让自己更快获得晋升的。要知道社会环境变化很快，个人当然要做一些可控的事情。

第二，保险行业不讲究先来后到，完全靠能力说话。我相信自律、自信的人更喜欢这样的机制，也更愿意接受这样的挑战。

业内高手经验谈之王辰

王辰

20余年保险从业经历

1997年毕业于清华大学土木工程系

2010年复旦大学EMBA（高级管理人员工商管理硕士）

华人保险大会特邀讲师

东方财经网、新浪财经、搜狐财经访谈嘉宾

1. 当初选择进入保险行业的缘由是什么？

王辰：我在清华读的是土木工程专业，毕业之后盖了两年半的房子。1999 年，也就是 27 岁那年，经推荐人介绍，我进入了保险行业。当时有朋友说我这是转行，但我并不这样认为。杜甫有首诗说到"安得广厦千万间，大庇天下寒士俱欢颜"，在我看来，做保险和盖房子都是为了给大众"遮风雨"，让他们安居乐业。只不过，盖房子是遮有情的风雨（家人之间的感情），卖保险是遮无情的风雨（风险）。

保险从业者进入保险行业有各种各样的原因，有的是为了赚钱，有的是为了时间自由，还有的是因为看好这个行业的发展……但不管具体的考虑是什么，我相信，我们的目标都是相同的，都是为了追求一个更好的生活。

2. 初入保险行业，你感受最深的是什么？

王辰：我刚进保险行业的时候，做的并不是销售工作，而是内勤，主要做组训，培训代理人，辅助他们成长。那时，我印象比较深的是，感觉保险公司在抓热点做营销方面做得很不错。还记得第一天上班，领导让我做一个名叫"泰坦尼克竞赛方案"的活儿。我当时特别疑惑，泰坦尼克我知道，是那年最火的电影，但我完全不清楚保险公司和泰坦尼克有啥关系。一问才知道，原来是保险公司想借这部热门影片的名头做营销。

说起来，当年我完全是作为小白进入的这个行业，对保险知识并不了解。但我有个优点是好学，只要有机会就去营业部听早会，等早会讲的这些知识我都熟练掌握后，就去其他营业厅讲课，同时我还会经常去听小伙伴们分享他们的经验。当时，我就只有一个念头：一定要学保险知识。

在学习保险知识的过程中，我逐渐认识到保险在风险防范方

面的重要性。于是，在 1999 年年底，我刚刚登记结婚，就给自己
买了人生中的第一份保险，保额在 10 多万，保费是 1699 元，大
概是我当时一个月的工资。至今，我已经深耕保险行业 20 多年
了，我的保额也从当初的 10 来万涨到了现在的 3000 多万。

3. 您认为现在的保险市场和您最初入行时相比，发生了什么变化？

王辰：保险行业的发展速度让我很惊喜。

我以保险成交的变化为例讲一下。中国保险行业的代理人营
销大概是从 1992 年开始的，到 1994—1995 年才开始大规模推广
开。我刚入行的那几年，保险产品和保障责任都比较简单，保险
费用也比较低。记得当时有个保险产品很有名，叫"少儿 360"，
如果代理人能销售出两份这样的保险，收到 720 元保费，在当时
就属于大单了。如果代理人销售出 100 万，收到 3.6 万元的保费，
那他在全国都会很有名。到 2000 年，平安人寿开始销售投连险产
品，我们公司有位同事成交了一份 12 万保费的保单，这在全国都
算是比较大的保单了，因为当时的万元保单非常少。再看现在的
保单成交，别说几万、十几万、几十万，甚至上亿的大保单都很
多。所以，我始终认为，现在的保险行业正处于黄金时代，而且
它未来的发展空间会很大。

讲到发展，我想再多说一点我的看法。我入行时遇到的从业
者，可以说是第一代代理人，他们其实是比较辛苦的。对于这代

人来说，勤奋是第一位的，一天要见很多客户才有机会成单。当然，现在很多人会说那批代理人的素质不高，常常会出现销售环节讲不清楚而误导客户的情况。但同时，我认为，我们不要忘了，他们是在保险行业开疆拓土的一代，是让保险行业从无到有的一代。正是他们，把保险带给了大众，让更多人认识保险、接受保险，所以不能轻易否定他们的努力和成果。没有他们给我们奠定基础，也不可能有如今的保险市场。

4. 是什么促使您选择走出传统保险公司转向保险教育领域？

王辰：讲课、分享是我个人非常喜欢的事情。另外，在跳出传统保险公司之前，我的主要工作是把一个分公司业绩做好，或者把一家小公司规模做大，我觉得自己是在重复工作，我不喜欢这样，我需要更多挑战。

除了这点，还有一个相对宏观的理由。就算你所在的公司专业成绩再好，只要整个行业给人的印象是不专业的，那这个行业的发展肯定是不长远的。就比如保险行业，之前从业者素质普遍不高，客户一听你是做保险的，他才不管你公司怎么样，普遍都会对你有刻板印象，甚至会不自觉地抵触你。所以，我觉得就整个行业的发展来看，为保险行业建设一个好口碑，可能比做好一个具体的公司更重要。我转向做保险教育领域，可以跳出来整合行业资源，为所有的代理人讲课，分享我自己和我了解到的成功经验，希望可以提高行业从业者的整体素质。对我来说，能做

"播种"的工作是件很幸福的事情。

5. 您对保险顾问有什么建议呢?

王辰：保险教育工作让我更深入行业一线，有机会认识全国各地的保险顾问，听取他们的成功经验，知道他们做过什么、怎么做的、成功在哪儿、失败在哪儿，这些经验是很值钱的。见过这么多保险顾问后，我发现这个行业缺乏用心和专业的人。同一个产品在不同的保险顾问手中会产生不同的结果，有的能卖得很好，有的却卖不出去，这恰好印证了那句"事在人为"。我们应该总结过去成功的经验，只有这样才能不迷失方向。

这些年，我见过很多一线的保险从业者，他们对自己的工作普遍有这么几个感受：焦虑、恐惧、质疑。总有人问我："保险代理人还有没有前途？互联网的到来会不会让我们失业？"

我想说，我们不可能准确预知未来科技在保险行业中的应用情况，但可以合理推断，互联网保险的兴起和发展，会进一步凸显保险顾问的价值，因为越来越多的客户买保险，买的其实是产品＋人品。现在客户一打开网页，虽然可以找到各种各样的产品，但面对复杂的保险条款和产品对比，想要在众多信息中选择最合适的产品，客户就需要一位专业的保险顾问来为其提供服务，这就是保险顾问的价值。因此，我们面对互联网并不需要恐惧和焦虑，而应该把握好现在，不断学习，提高自己的能力，利用工具来为自己赋能，为应对未来的挑战做好准备。

6. 保险行业未来的风口在哪儿?

王辰:我认为保险行业的风一直在刮,而且还不小,这个行业未来的发展空间巨大。和美国、日本等成熟市场相比,我国保费规模占 GDP 的比例还是很低,而且保险资产占金融资产的比例大概只有美国的二十分之一。但我坚信,随着中国的发展,未来保费规模会和这些成熟市场差不多。

想想这个发展空间有多大。2019 年中国的保费规模是 4.26 万亿,涨 10 倍的话是 42.6 万亿,涨 20 倍就是 85.2 万亿。所以,保险行业接下来会一直都是黄金时代。

保险行业的风口和政策利好是息息相关的,过去监管保险行业的是人民银行,后来是保监会,现在是银保监会①,你会发现国家越来越重视这个行业。同时,很多政策也在引导大众看向保险行业,比如房地产税、遗产税等内容的讨论和试点。当这些税收政策落地后,大众会逐渐意识到保险的优势。比如,房地产税一旦开征,投资者想投资房产获益,就得缴纳更多税费,他们中的一部分人自然会开始考虑保险等其他投资渠道。再比如,遗产税开征,在财富代际传承时,传承者就需要缴纳遗产税,但如果通过保险来传承财富,就不需要了,因为保险金不属于被保险人的遗产。我常开玩笑说:"做保险的,如果等不到遗产税、房产税开

① 此前,银行业、保险业一直都是分业经营,同时分别由银监会和保监会负责监管。但金融机构的业务交叉较多,监管机构不同,容易造成一些监管的真空以及灰色地带。所以,2018年,银监会和保监会合并为银保监会。从长期看,合并监管能更好地规范资金的去向,有助于银行业和保险业的健康发展。

征就离开保险行业，等于死在了 1949 年 9 月 30 号的深夜，只是这个行业的先烈，而不能成为元勋。"

另外，目前的数据显示，中国高端客户买保险的比例还是比较低，像我的大学同学，他们大部分还没有买保险。这是因为以往的代理人多是保险销售员，受限于专业素养，他们既没有机会发展高端客户，也没有能力服务高端客户。而未来，随着保险销售员向保险顾问转型，不断提高服务意识和专业技能，他们将会接触到这部分客户，开拓高端市场。

图书在版编目（CIP）数据

保险新趋势：做专业的保险顾问 / 李璞著 . -- 北
京：新星出版社，2021.5
ISBN 978-7-5133-4469-2

Ⅰ . ①保… Ⅱ . ①李… Ⅲ . ①保险－基本知识 Ⅳ .
① F84

中国版本图书馆 CIP 数据核字 (2021) 第 073981 号

保险新趋势：做专业的保险顾问

李璞　著

责任编辑：白华昭
策划编辑：李知默
营销编辑：龙立恒 longliheng@luojilab.com
封面设计：柏拉图

出版发行：新星出版社
出 版 人：马汝军
社　　址：北京市西城区车公庄大街丙 3 号楼 100044
网　　址：www.newstarpress.com
电　　话：010-88310888
传　　真：010-65270449
法律顾问：北京市岳成律师事务所

读者服务：400-0526000 service@luojilab.com
邮购地址：北京市朝阳区华贸商务楼 20 号楼 100025

印　　刷：北京盛通印刷股份有限公司
开　　本：880mm×1230mm 1/32
印　　张：7.75
字　　数：153 千字
版　　次：2021 年 5 月第一版 2021 年 5 月第一次印刷
书　　号：ISBN 978-7-5133-4469-2
定　　价：59.00 元